日本橋髙島屋コンシェルジュの最高のおもてなし

敷田 正法
日本橋髙島屋コンシェルジュ

光文社

日本橋髙島屋コンシェルジュの
最高のおもてなし

ブックデザイン　金子眞枝
取材・構成　千葉潤子
写真　長谷川新

はじめに

「心を尽くしたおもてなしはお客様に届く」を信念に十四年

日本橋髙島屋でコンシェルジュを立ち上げ実行する、その任務を私が拝命したのは二〇〇〇年のことです。一九七〇年に髙島屋に入社して三十年目、五十三歳になったばかりのときでした。

それまで、日本橋店の外商部を皮切りに、ニューヨーク髙島屋への八年間の出向を経て、日本橋店の特選紳士婦人衣料雑貨、特選洋食器、紳士服、紳士婦人雑貨、食料品と、さまざまな売場を経験し、一九九八年からは横浜店で食料品を担当しておりました。

「横浜店は住まいに近いし、定年までがんばるには理想的な職場だな」

正直、そう思っていましたが、突如、日本橋店に呼び戻されたのです。

ふり返れば、それは「ラッキーの神様」のふさふさした前髪でした。俗に、「ラッキーの神様には後ろ髪がなくて、自分の前を通り抜ける時に前髪をつかみそこねるとツルリと滑ってしまい、折角のチャンスを失《な》くしてしまう」と言われますが、私は無意識のうちにその前髪をしっかりとつかんだのかもしれません。

もっとも、コンシェルジュという仕事は髙島屋にとって初めての試みなら、私にとっても未知の世界。サービス業に携わってきた身としては、まったくの門外漢とは言えないものの、恥ずかしながら当初は「コンシェルジュって何だろう?」という認識でした。

そこから勉強を始め、仕事をしながら「サービスとは何か。ホスピタリティとは何か」を追求し、気がついたら十四年の歳月が流れていた、という感じです。

おかげさまで、いまではすっかりコンシェルジュという言葉に慣れてきました。周囲からは「髙島屋の顔」「伝説のコンシェルジュ」というような身に余るありがたいお言葉をいただいているようですが、まだまだスタート地点に立っているに過ぎません。定年を過ぎて六十七歳になった現在も、「嘱託」という立場で週五日勤務を続けています。四十四年にわたる髙島屋での勤務で経験した「心を尽くしたおもてなしは、お客様に届く」という確信を、日々強く、深く感じている昨今です。

本書では、そんな私が〝コンシェルジュ人生〟のなかで体得・実践してきた「接客の奥義」を、さまざまなエピソードをまじえて、お話しさせていただきます。サービスに携わるみなさまの、あるいはビジネスのさまざまなシーンでおもてなしが求められるみなさまのお役に立つことを、心より願っています。

最高のおもてなし
目次——

第1章

ナンバーワンのサービスを目指して

サービス＋ホスピタリティ＝顧客満足

「人」と書いて「サービスとホスピタリティの融合」と読む

私たちコンシェルジュの究極の目標は、「お客様が求める心」を理解し、実現することによって、お客様の満足、つまりCS（Customer Satisfaction）を獲得することにあります。

では、「お客様の満足」とは何を意味するのでしょうか。

取掛かりは辞書

私は当初その根本のところがわかっていなかったので、とりあえずは辞書で調べることから始めました。

まず「サービス（service）」。これはラテン語の「servus」を由来とする言葉で、「隷属する」という意味があります。

はるか昔の紀元前、ローマ帝政時代、皇帝や領主、貴族などの身分の高い人たちは、使用人を使っていました。「畑を耕しなさい」「食事をつくりなさい」「着るものを織りなさい」「身の回りの世話をしなさい」などと命令して、報酬を与えていました。それが「servus」。「スレイブ（＝slave、奴隷）」とか「サーバント（＝servant、召使、使用人）」は、この「servus」から派生した単語です。

つまり、主従関係にある者同士が、労働と報酬という対価関係で結ばれている。その労働がサービスを意味するわけです。それで、

「サービスとは、対価をともなう労働である」

ということがわかりました。

また、一方に「ホスピタリティ（hospitality）」という言葉があります。こちらは、やはりラテン語の「hospics」を語源とし、日本語ではよく「おもてなし」と訳されます。派生した単語には、「ホスピタル（＝hospital、病院）」や「ホテル（＝hotel、宿泊施設」などがあります。近年では、終末期医療を指して「ホスピス」と呼んでいます。

この言葉が生まれたのは、中世ヨーロッパで聖地エルサレム奪還を旗印に行われた十字軍遠征のときだそうです。長い行軍ですから、兵士たちは相当体力を消耗します。そんな彼らに、途中にある修道院が「兵士さん、ご苦労さま。よかったら、うちの修道院で休んでいきませんか。食事も用意しますよ。病気やけがの方には看護もしましょう。泊まってもいいですよ」と歓待・厚遇してくれたのです。

これは無料のおもてなし。つまり、

「ホスピタリティとは、おもてなしの心を持った信頼関係に基づく行動である」

ということがわかりました。

こうしてサービスとホスピタリティの意味するところを理解したことで、「顧客満足を達成するための図式」が見えてきました。それは、

「サービスとホスピタリティの融合」――。

お客様にサービスを提供する。これはお客様にご満足いただくための必要条件です。それだけでは十分ではありません。ホスピタリティという十分条件が求められるのです。このように必要十分条件を充足してはじめてサービスとホスピタリティが融合し

たといえるし、顧客満足を獲得できたことになるのです。

サービスとホスピタリティを分析すると……

次に、百貨店の業務において、何がサービスに、何がホスピタリティに当たるのかを分析してみました。

〈サービス〉

・販売（sell）　商品を販売する百貨店の基本業務
・相談（consult）　商品選びなどのご相談に応じること
・割引（discount）　バーゲンや自社カードのポイントアップによる値引き
・取引（deal）　粗品進呈とか、オマケ付きのサービス
・修理（repair）　商品の購入後の修理・修繕など

〈ホスピタリティ〉

・礼儀（courtesy）　挨拶、笑顔、言葉づかいなど、接客の基本的マナー

・同行（attend）　お客様と行きたい場所にご同行する
・案内（guide）　お客様がお探しの場所をご案内する
・傾聴（listen）　お客様のご意見やご要望をよくうかがう
・検索（search）　お客様がお求めの商品をお探しする

このように、サービスとは一連の対価をともなう販売行為であり、ホスピタリティとはおもてなしの心を持った接客行為です。両者が融合して初めて、お客様の満足を獲得できたということをおわかりいただけたと思います。

サービスとホスピタリティはどちらも、販売員やコンシェルジュなどの「人」が、お客様という名の「人」に提供するものです。その意味で、キーワードは「人」ということができます。

その「人」という字は、左側がサービスで、右側がホスピタリティだと、私は考えています。サービスとホスピタリティが支え合い、融合することによって、お客様に満足していただく。力の均衡が保たれないと、「人」の字が崩れてしまうように、両

サービスとホスピタリティの融合

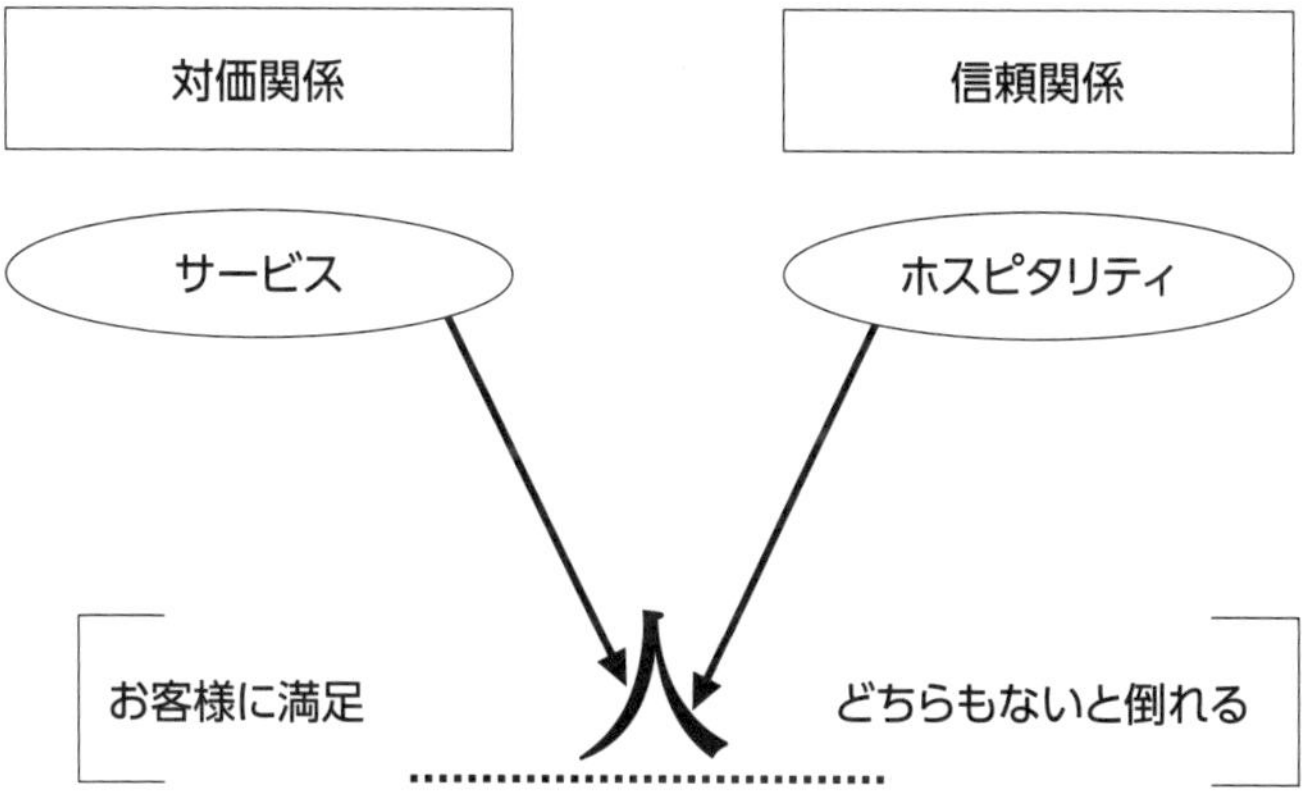

方が融合していないとダメなのです。
「人と書いて、サービスとホスピタリティの融合と読む」
とは、そういうことです。

目指せ、日本一のサービス！

コンシェルジュになってまず思ったのは、「百貨店として、日本一のサービスを目指そう」ということでした。

そのために何をすればいいのか。

第一に必要なのは、他店はどんなサービスをしているのかを知り、髙島屋の現状と比較すること。第二に、実際にコンシェルジュの仕事をしている方たちと知り合い、最高レベルのサービス&ホスピタリティを学ぶことです。そのあたりを、詳しくお話ししましょう。

五十店舗以上を視察

他店を視察するに当たっては、都内はもとより関西にも数日間出張しました。その数は五十店舗以上!

それまでももちろん、関東・関西、いろんな百貨店を見てきましたが、そのときはバイヤーという「商品を見る目線」の立場からでした。今度は、徹底して「お客様目線」という立場での視察でした。

それも、漫然と見て回るだけではダメ。お客様相談室の有無やそこでのサービスはどんなふうか、荷物の一時預かり所はどうなっているか、遺失物への対応はどうか、国内外への配送はどうか、ベビーカーや車椅子などを用意しているか、外貨の両替や免税手続きはどうなっているかなど、多岐にわたる項目を設定。串刺しにして調べました。それも、自分が実際にお客様になって、各種サービスを体験する形で。

たとえば、神戸の百貨店を視察したとき、まず受付へ行って、「南京町《なんきんまち》に行きたいんですけど、地図はありますか？」と尋ねてみました。ある百貨店は「地図の用意はありません」と答えました。重ねて「どう行けばいいですか？」と尋ねると、「外に出たら、すぐにわかりますよ」と素っ気ない。でも、外に出たって、わからないんです。「不親切だな」と思いました。

でも、別の百貨店で同じ質問をすると、地図を出して、ていねいに道順を教えてくれました。ついでに「おいしいラーメンが食べたいんですけど」と聞いてみたところ、地図を指さしながら、「ここところはとても評判がいいですよ。よろしかったら、ぜひ行ってみてください」との答え。「ここまで教えてくれるんだ」と感動したことを覚えています。

道案内ひとつとっても、各店各様の〝サービス体験〟をしてみると、自《おの》ずと「お客様が喜ぶやり方」というものが見えてきます。

また、こういった視察結果は詳細にメモをしておき、後に、縦軸に百貨店名、横軸に視察項目を置いた表を作成しました。こういう比較表があると、No.1のサービスをするためには、コンシェルジュとして何をなすべきか、会社にかけあって施設・設備をどう改善していくかが一目瞭然です。

あと、コンシェルジュの仕事を理解するには、百貨店だけでは不十分。日本の老舗《しにせ》ホテルや外資系のホテルなど、一流のコンシェルジュが一流のホスピタリティを実現しているホテルもずいぶん見て回りました。こちらは、自分たちコンシェルジュの資質を磨くための勉強です。

【エピソードファイル❶ 一時預かり所の移設】

買物をするときは、手荷物が少ないに越したことはありません。手ぶらのほうが楽に歩けますし、商品を手に取ってみるときにいちいち荷物を置くのも面倒です。そんなお客様の利便性を考えて、デパートは一時預かり所を設置しています。

問題は場所です。

日本橋髙島屋の一時預かり所は以前、地下一階の奥のほうにありました。これは、お客様に対してとても失礼で、不親切だと思いました。

当店は東京駅から歩いて五、六分のところにあり、とくに地方や外国からのお客様は荷物をいっぱい持って来店されるケースが多いのです。重い荷物を持って、やっと店に着いたというのに、また地下一階まで預けに行かなければならないとなると、ウンザリしてしまい「この店のサービスは何なんだ」と思われたことでしょう。

そこで、私は月に一度のサービス会議で「一時預かり所を何とか一階に移設して欲しい」ということを言い続けました。

当初は「施設そのものを移転するのは、次回のリニューアルまでできない」ということでしたので、「そうであれば、とりあえず入口に近いところにロッカーを設置してください」と主張しました。

結果、東京駅から最も近い出入口に、十八個のロッカーを設置することができました。それまで五台あった電話機を二台にしたり、タバコの自動販売機を二台から一台に減らしたりして、場所をつくってもらったのです。

利用料金をいただこうかという話もありましたが、私はこう述べました。

「ロッカーはホスピタリティのための施設ですから、お金をいただくのはやめましょう。自由に使っていただき、ゆっくりお買物できるようにしましょう」

この意見が取り入れられ、無料のロッカーを設置しました。さらにリニューアルを経て、いまは一時預かり所が一階に移設されています。

お客様は店内に入られるなり荷物を預けて、手軽にお買物を楽しむ時間が増えてとても喜ばれています。

さらに、地下一階には、無料の冷蔵ロッカーを設置しています。

食料品のなかでも肉や魚などの生もの、ケーキなどは、温度が上がると、腐ったり、風味が落ちたりする心配がありますから、お客様はできるだけ持ち歩きたくないものです。

食料品売場に冷蔵ロッカーがあれば、お客様に「帰り際に買おう」というようなお手間をとらせずにすみます。

あと、「場所が大事」という意味では、お客様相談室もそうです。百貨店によっては、建物の上のほうの階に設置しているところもありました。これは店の都合でありお客様の都合を考えているのかなーと思いました。利益を生みだす売場を優先して、お客様相談室は売場として使いにくい上のほうの階に設置したのかなー、一階の出入口の近くの方が理想的ではないだろうか、と思いました。

なぜなら、お客様が何か相談したいときや、接客や商品、施設等について不満を感

正面玄関脇にあるコンシェルジュのデスクでお客様に対応する敷田氏

じられたとき、どこに行けばいいかがすぐにわかるし、係も素早く対応できるからです。「お客様相談室はどこですか？」と聞かなければわからないような場所では、ホスピタリティが足りないと言わざるをえません。

このことは、他店視察を重ねて、身にしみてわかりました。もちろん、日本橋髙島屋のお客様相談室は一階にあります。私たちコンシェルジュは一階の正面玄関脇にデスクを構えていますし、常に出入口付近でスタンバイして、ご意見、ご要望、ご相談事をキャッチする態勢をとっています。

このように、おもてなしの心を持ったホスピタリティを提供するために必要な施設についても、私たちコンシェルジュが積極的に提言しています。

百貨店として初めてコンシェルジュの協会に参加

コンシェルジュの仕事を始めて一年ほど経《た》ったころ、レ・クレドールジャパン（現日本コンシェルジュ協会）という組織があることを知りました。一九二九年にフランスのホテルのコンシェルジュのネットワークとして誕生したレ・クレドールインターナショナルを母体に、一九九七年に設立された組織です。

そのレ・クレドールジャパンの当時の会長のコラムを、新聞で見つけたのです。まだコンシェルジュとして何をやればよいのか、日々迷っている時期でしたから、私はその記事を貪《むさぼ》るように読みました。なかでも感銘を受けたのは、「ホテルのコンシェルジュの仕事は、法律的に問題がない限り、あらゆるお客様のご要望に対してお応えするよろず相談係のようなものです」という意味のことが書かれていました。これこそが、私たちが望み模索していたサービス＆ホスピタリティの原点だと思い、すぐに連絡をとって、面会をお願いしました。「思い立ったが吉日、あれこれ考えずに迷わず実行する」それが私のモットーでもあります。

向かった先は、横浜のホテル。コンシェルジュの方が親切に対応してくださり、月に一度、勉強会を行っていることを教えてもらいました。彼女によると、「日本では、ホテルをはじめ旅行関係の会社、飲料業界、リネン、ベビーシッター等さまざまな関連会社の人たちが入会し、活躍しています。百貨店はまだ入会していませんが、欧米では百貨店もコンシェルジュを置いていますよ」

とのこと。私はさっそく、勉強会に参加することにしました。

年十二回の勉強会は、友情の和＝輪を通じたサービス（Service through

Friendship）をモットーにしたものであり、内八回が東京、あとの四回が地方で行われていることがわかりました。私が初めて参加したのは長崎のハウステンボスにある会場での勉強会でした。ありがたいことに、会社も「新しい業務を立ち上げたのだから、ぜひそこで勉強してきなさい」と、出張させてくれたのです。

驚いたのは、船で勉強会の会場のあるハウステンボスのホテルに着くや、すぐにコンシェルジュが飛んできて、「髙島屋の敷田さんですね」とにこやかに出迎えてくれたこと。のっけから、コンシェルジュとはかくあるべきという気配り・目配りに、ひたすら脱帽です。

また、勉強会でも百人ほどの参加者がみんな、いわば〝新参者〟である私に何かと話しかけてくれる。疎外感のないよう、気配りしてくれるのです。勉強会の内容もさることながら、先輩諸氏と触れ合えること自体が大きな刺激になりました。

このほか、金沢のホテルを会場にした勉強会で能舞台を見たり、ディズニーランドのホテルでの勉強会では顧客満足度№1の秘密を教えてもらったり。非常に密度の濃い勉強をさせてもらいました。

それで半年後には、髙島屋が百貨店では初めての法人会員になり、仲間入りを果たしました。

そのおかげで、いろんなところから髙島屋に問い合わせが舞い込むようになりました。もちろん、丁寧にお話させていただきました。多少はお力になれたのか、たとえばＪＲ東日本が東京駅と上野駅にステーションコンシェルジュを立ち上げるとか、長野県庁に「お尋ねコンシェルジュ」が誕生するなど、さまざまな業種にコンシェルジュが広がっていきました。うれしい限りです。

レ・クレドールジャパンのメンバーを中心に日本国内のコンシェルジュの活動を更に促進させるために二〇〇五年に日本コンシェルジュ協会が発足しました。

髙島屋は引き続き日本コンシェルジュ協会の法人会員として活動しています。

後で詳しく述べますが、このコンシェルジュのネットワークは私にとって大切な宝物。多くの人と知り合い、彼らからさまざまな業界の情報を得ることが、日々お客様と接する業務にどれだけ生かされているか。その価値は計り知れないくらいです。

コンシェルジュになった早い段階でレ・クレドールジャパンに出合ったおかげで、

仕事も順調に滑り出したように思います。

三つの経営資源

ここでちょっとカタイ話をさせてください。

お客様の満足度を測る一つの物差しは、「人・モノ・カネ」という三つの経営資源の活用によります。これらをどう使うかによって、顧客満足の完成度が違ってきます。

理想は、

人　（Best Hospitality：ベストホスピタリティ）ホスピタリティあふれるサービスの提供

モノ　（Best Quality：ベストクオリティ）高品質、本物志向の商品の提供

カネ　（Best Amenity：ベストアメニティ）ゆったりした時間を感じさせる空間の提供

というふうに、三つの経営資源すべてにおいてベストを希求し、お客様の満足度百

％を達成することです。

それはどういうことか、それぞれについて、具体的に説明しましょう。

顧客と従業員、双方の満足度を高める

経営資源における「人」とは、言うまでもなく従業員のことです。販売員やコンシエルジュだけではなく、後方部門を含めたあらゆる部署の従業員は、お客様に気持ちよく、楽しく買物していただくために、ホスピタリティあふれるサービスを実行することが求められます。

加えて、会社はその「人」自体にも「働いていて楽しい」と満足できる環境・待遇を提供する必要があります。

これは、ＥＳ（Employee Satisfaction：従業員満足）。

たとえば、育児休暇や介護休暇などの福利厚生制度を整えることによって、従業員の仕事一辺倒ではない、人生の大切な時間を守ってあげる。労働に見合う報酬をきちんと支払う。あるいは、法令を遵守《じゅんしゅ》することによって、従業員が安心して、誇りを

もって働ける環境を提供する。そういったことを重視して経営を行うことが、企業のCSR（Corporate Social Responsibility：企業の社会的責任）だということです。

ESが高ければ、従業員の働きぶりは自ずと違ってきます。結果、高島屋は企業として株主をはじめお取引先、お客様、従業員そして地域社会の方々など、すべてのステイクホルダーに対して、さまざまな価値の提供を行い、双方向のコミュニケーションを図りながら信頼関係を深めていくことができます。

いいモノを提供する

百貨店における「モノ」とは、商品です。お客様が安心して買物ができる高品質・本物志向の商品を提供しなければいけません。

これは逆に言えば、売手が自信をもって勧められる商品。どういう商品なのかを、メリット・デメリットやその商品の背景にあるストーリーなどを含めてきちんと説明できることがポイントになります。また、高価・安価にかかわらず、お客様にリーズナブルだと納得していただける価格であることも重要です。

昨今、産地偽装、欠陥商品、偽ブランド等々、さまざまな問題がありましたが、それは企業にとって一番大事なモノの価値をないがしろにした行為にほかなりません。企業の社会的責任を果たすうえでも、原点に返って考えていかないといけないでしょう。近江商人の教えに「売り手よし、買い手よし、世間よし」という言葉があります。「モノ」を提供する立場の者にとっての戒めとして深く心に刻むことが大切です。

ゆったり買物できる「空間」を提供する

「カネ」とは、いわゆる設備投資。百貨店の場合は、お客様にゆったりした時間を感じていただける空間を提供する、ということです。

たとえば、売場面積を考えた場合、商品が並べられているスペースがあまりにも広すぎると、商品を探すのが大変です。逆に、狭すぎると選択肢が少なくて買物の楽しみも半減です。どちらも落ち着いて買物ができません。

適正規模の商品展開が望まれるわけです。お客様のニーズをしっかりとつかみ、ゆったりとした空間を楽しんでいただく。広い通路と休憩スペース。なによりもくつろげる時間を多く感じていただくことです。

日本橋髙島屋は建物自体が国の重要文化財ですから、その空間には非常に重厚で、落ち着いた雰囲気が満ちています。品物を探しやすい売場でゆったりとお買物していただくにはベストな環境だと自負しています。

時代とともに変化してきた「お客様の満足度」

ここまでお客様の満足度について述べてきましたが、その度合いは時代とともに変化しています。「いま」を理解する手掛かりとして、その歴史背景を知っておく必要があります。

これを円の中の三角形で示した、40ページのレーダーチャート風の図を参照しながら、説明していきましょう。

黎明期　一八〇〇年代後半

時をさかのぼること百六十年余り、一八五二年に世界で初めて百貨店が誕生しました。その名はボン・マルシェ。フランスはパリ七区、バック通りにある百貨店です。

オペラ座をモデルにしたこの豪壮な建物を、作家エミール・ゾラは小説のなかで「消費者のための消費の大伽藍《がらん》」と呼びました。そのくらい旺盛な消費活動が、ここを舞台に展開していたということでしょう。

このボン・マルシェは、もともとは生地屋さん、ファブリックのお店でした。それを買い取ったのがブシコー夫妻。彼らは、「ファブリックを素材とする衣料品や家具を一堂に集めたら、お客様は喜ぶだろう」と考え、今日の百貨店の原型となるシステムを確立・発展させたとされています。

当時の時代背景には、一七〇〇年代後半にイギリスで始まった産業革命があります。これを機に、家内制手工業から工場制機械工業へと変化し、大量に商品が生産され、大きなパラダイムシフトが起こりました。加えて、蒸気機関が発達し、商品を大量に遠方へ運搬する物流も活性化されました。

当然、モノがたくさん生産され、経済的にも豊かになり、人々の購買欲は高まりました。ブシコー夫妻はそこに着目し、さまざまな商品に対する欲望と必要性を喚起するべく、百貨店を創ったのです。

以前は貴族がそれぞれの専門店に行き、必要なものを購買していました。庶民も産業革命のおかげで仕事が増えて購買力が高まってきました。庶民も「それまで塀の向こうにあった貴族の贅沢な暮らし」を経験できるようになったのです。百貨店のウィンドウは百貨店の命です。庶民は百貨店のウィンドウを覗《のぞ》いてみたら、その中で販売している素晴らしくディスプレイされた商品に目がとまりました。

勇気を出して重厚なドアを抜け、百貨店に一歩足を踏み入れると、そこは螺旋階段やシャンデリアに華やかに彩られた広々としたホール（カネ）。売場を歩くと、ショーケースには見たことのない商品がいっぱい並び（モノ）、笑顔で迎えてくれた販売員が丁寧に対応してくれる（人）。百貨店を訪れた庶民たちは、おそらく貴族の生活を垣間見て非日常的な「ハレ」を感じたことでしょう。

まだCSという概念はない時代でしたが、お客様は百貨店という未知の世界に触れて、人・モノ・カネのすべてに百％の満足を感じていたのではないでしょうか。図で示すと、最大サイズの正三角形になるかと思います。

生産志向の時代　一九六〇年代

終戦後、世界は大量生産の時代に入りました。日本でも高度経済成長期に突入。一九六四年の東京オリンピックを境に、「いざなぎ景気」と呼ばれる好況にわきました。

この時代は、大量生産によりモノが安く供給され、流通規模がどんどん拡大していきました。世界最大規模を誇ったニューヨークのメイシーズがその象徴とも言えるもの。その当時、メイシーズで販売していないものは、麻薬と棺桶だけといわれていました。「百貨店の時代」と言ってもよいかと思います。

ただし、CSという視点から見ると、「人」の部分がないがしろにされていた感があります。販売員はとにかくたくさんの商品を売ることだけを考えていたのです。

人が担う役割は、継続的に商品を供給すること。サービスは二の次になり、お客様の満足度は、モノ・カネについては満たされていたけれど、人に対しては二五％程度に過ぎなかったと言えます。

図の三角形は、ずいぶんひしゃげた形になっています。

製品志向の時代　一九七〇年代

私がニューヨーク髙島屋に出向していたこの時代、ビジネスのグローバル化を背景に、百貨店業界でも海外進出が盛んになりました。と同時に、商品が世界中から集められ、百貨店は国際色豊かなスポットになったのです。

なかでも強く印象に残っているのは、外国の催しを得意とするニューヨークのブルーミングデールズという百貨店が、「ジャパン・フェスティバル」を開催したことです。

一階に日産のフェアレディZが何台も展示され、地下では豆腐やカップラーメンなどの日本食がズラリ。上階へ行くと、お櫃《ひつ》とか枕、刀、着物、シルクのブラウスなど、日本製品がたくさん並べられていました。

まさに、全館日本一色！　驚嘆したことを覚えています。

日本の百貨店も英国展、フランス展、イタリア展等々外国の商品催しが盛んでした。日本人が外国の優れた商品を目《ま》の当たりにしていき、そういった動きのなかで、百貨店の商品は量だけではなく質が求められるようになりました。

それにともない、たとえばマフラーなら、一九六〇年代まではウール素材で満足していたお客様が一九七〇年代には「カシミア百％のマフラーを欲しい」と変化してきます。販売員は、なぜカシミアは高価なのか、肌ざわりがどう違うのか、商品になるまでの背景などを詳しく説明し、お客様に納得してご購入していただかなくてはなりません。丁寧な接客が求められてきたのです。

それによって、人に対する満足度が二五％から五〇％くらいに上がったのです。

販売志向の時代　一九八〇年代

このころから、「いかにして売るか」が重要なポイントになってきました。メーカーは競うようにして高品質を追求し、それを訴求ポイントにしてたくさん売るために、広告をはじめとする販売促進活動が活発化したのです。

日本でも一九八〇年代後半に五十カ月以上続いたバブル景気を背景に、高級志向・本物志向が高まりましたね？　マスコミもこぞって、そんな時代の雰囲気を煽《あお》り、消費者の購買意欲は頂点に達しました。先程のマフラーについては「同じカシミアでもブランドのロゴがついたものが欲しい」と変わってきたわけです。当然、値段も高くなりました。

また、「消費者ニーズ」とか「顧客ニーズ」といった言葉がよく使われるようになったのも、このころのことです。それまで、商品の流通経路は川の流れになぞらえて「川上から川下へ」と言われ、メーカーを起点としていました。これは、

「メーカーが多数を占める平均的な消費者をターゲットにした商品を企画→工場で大量生産→マスメディアを通じて大量の宣伝広告を投下→〝川下〟の消費者の購買意欲を高める→広範な地域に大量販売する」

というスタイルです。

けれども、モノがあふれてきて、消費者のニーズも多様化すると、大量生産による画一的な商品は受け入れられなくなります。そこで出てきたのが、消費者の多様なニーズを吸い上げて、それに対応する生産および流通体制を構築するという、消費者起点のマーケティング戦略です。

一九八〇年代はまだまだ販売志向が大勢を占めていましたが、軸足がじょじょに顧

客志向へと移りつつあった時代と言えるでしょう。

顧客志向の時代　一九九〇年代

大量生産・大量消費の時代は終わりを告げました。販売促進や顧客ニーズの把握などの努力も効果なし。商品が売れなくなってきました。それもそのはず、消費者は川上から供給される商品に魅力を感じなくなってきたのです。同時にタンス在庫がいっぱいで、本当に欲しいものしか購買しなくなったのです。

日本では、バブルが崩壊。生産（モノ）と販売（カネ）の規模を縮小するリストラが始まりました。図のように、お客様の満足度を示す三角形がかなり小さくひしゃげてしまったのです。

そこで、「モノ・カネ主体」から「人が主体」の考え方に転換。「CSの時代」が到来しました。

髙島屋がCSへの取り組みを始めたのも、このころのことです。バブルがはじけて、モノを売ることが難しくなり、当初は「品揃えに問題があるのか」と考え、商品面の充実を図ったり、顧客動線を変えて見せ方を工夫したものの効果なし。世の中は不景気になる一方で地価は下がり、明るい兆しが見えてこないなかで、CSに答えを見出そうとしたのです。

そして二〇〇〇年、サービスとホスピタリティを融合するCSへの取り組みの一環として、コンシェルジュという考え方、組織を立ち上げたのです。日本橋店ではたった二人からの出発でした。

社会志向の時代　二〇〇〇年代以降

「これからはCSだ、CSだ」と叫ばれながらも、当初は「どうやってCSを実現すればいいのかがわからない」のが実情でした。

やがて導き出された答えが「社会志向」です。

キーワードは「人にやさしい、地球にやさしい」――。

そこを重視して、企業は社会的責任（CSR）を果たし、法令遵守（コンプライアンス）を徹底する、ということです。

努力を続けた結果、いまは人・モノ・カネに対する顧客の満足度はそれぞれ七五％といったところでしょうか。〝理想形〟に近づいてきているように思います。

そのなかで最近になって、カスタマー・ディライト（Customer Delight：顧客感動）ということがよく言われるようになってきました。

たとえば、「さほどの期待もなく、タマタマこの店に買物に行った」というような場合、お客様がその期待値を上回る満足を得られたとしたら、それはカスタマー・サティスファクション（顧客満足）につながります。

そうなると今度は、その店が多少遠くにあったとしても、お客様は「あそこに行こう」と思います。「タマタマ」が「ワザワザ」に変わるわけです。

そこでさらに満足すると、次はその店に足繁く通うようになります。そうして「ワザワザ」が「シバシバ」になる。そこにあるのがカスタマー・ディライトです。

顧客満足から顧客感動に変化したのですから、大切な固定客として売場全体、お店全体で対応し、常に感動を感じていただく方策を考えることが必要になってきます。

そのためには売場全体でそのお客様をお迎えする雰囲気の醸成が必要になるわけです。

時代とともに変化してきた「お客様の満足度」

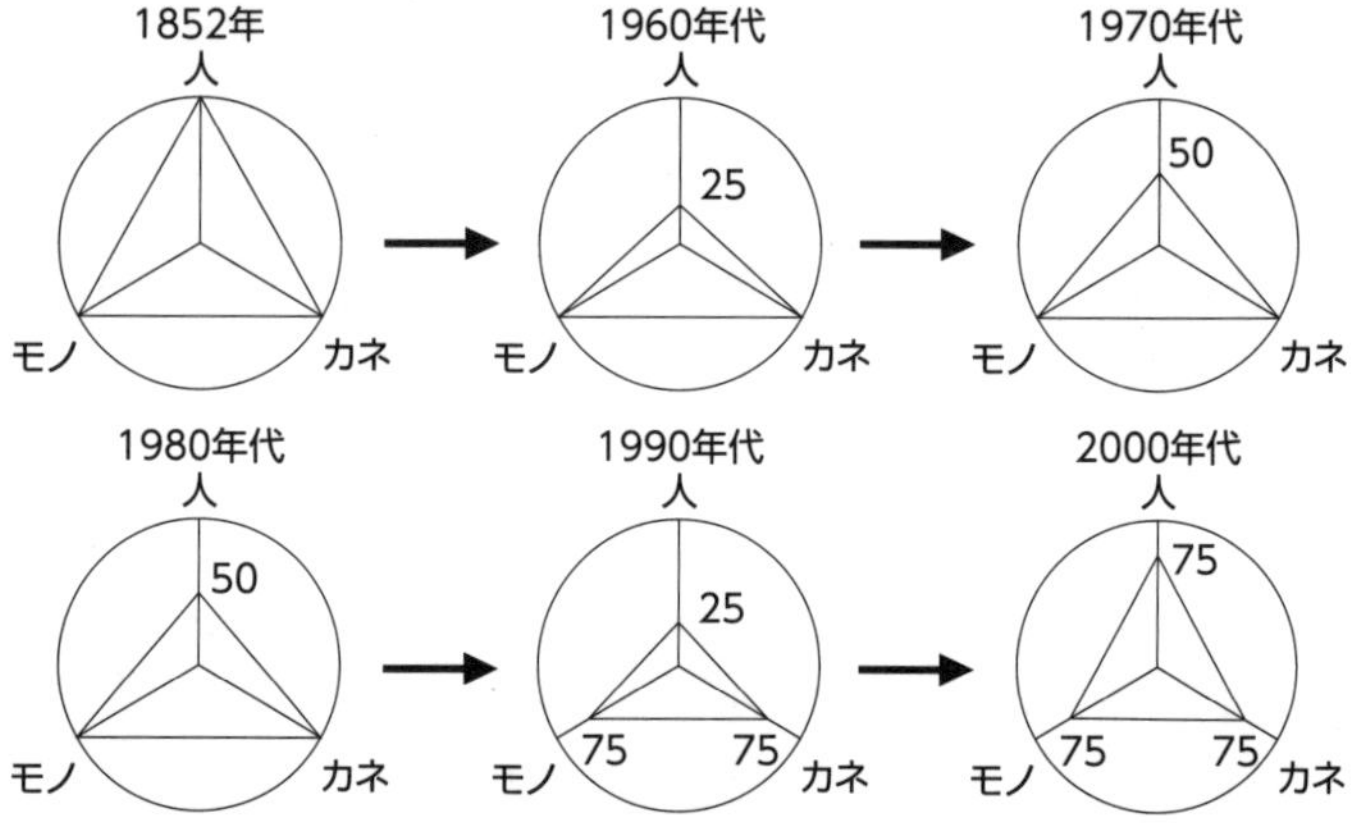

円の中心から縦に伸びる線が「人」、右下120度に伸びる線が「カネ」、左下120度に伸びる線が「モノ」を表す。それぞれの線が円周と交わる点が満足度100%

いわゆるお客様の「止まり木」的なホッとできる空間の提供が求められます。

column

コラム――CS事始め

CSという概念を世界で初めて取り入れたのは、どこでしょう？

それは、アメリカのシアトルに本部と本店を置く高級デパート、ノードストロームだと言われています。

いまでこそ全米でも有数の大型百貨店チェーンですが、一九〇一年に創業した当初は、小さな靴屋さんでした。スウェーデンからの移民だったジョン・W・ノードストロームは、その靴屋さんを始めたとき、従業員にこう教えたそうです。

「お客様がご来店されたら、三足の靴を揃えて、ひざまずいて接客しなさい」と。

靴を買う場合、ふつうは気に入った靴を見つけて、店員にサイズを言って出してもらいます。ところが、ノードストロームの店員は求められた靴だけではなく、そのお客様の好みに合いそうなものをあと二足見繕って、ささっと持ってくる。そして、ひざまずいて「どうぞ、お試しください」と言いながら、足を入れやすいようにアシストしてくれるのです。

お客様はこれを押し売りと感じるでしょうか。そんなことはありません。三足の靴を試してみることができるわけですから、選択肢が増えて、より買物を楽しめるのではないでしょうか。

それによって、お目当ての靴よりも、店員が見繕ってくれた靴のほうが気に入るかもしれない。一足のつもりが「これもいい、あれもいい」と二足、三足買う気になるかもしれない。もちろん、どれも気に入らない場合もあるでしょうけど、頼まずとも三足の靴を試すことができるのですから、それだけでお客様の買物に対する満足度は増すと思います。

これを分析すると、靴を三足出すというサービスと、ひざまずいて接客するというホスピタリティが融合して、CSを達成している、ということです。

しかも、生半可なサービスではありません。何しろ、靴売場のバックヤードは箱、箱、箱の山！　膨大な量の在庫が所狭しと積み上げられています。そこから、目的の靴を探すだけでも大変なのに、お客様が選んだ一足から好みを察知して、瞬時に合いそうな靴を選ぶのです。

こんな芸当は、日ごろからよく商品の勉強をしていないと、とてもこなせるものではありません。サイズ、色、デザイン、足の型、履き心地、値段……すべてが頭に入っていなければ、お客様のニーズに合う靴がどこにあるかわからないのです。

column

実際、私は妻とハワイにあるノードストロームに行ったことがあって、店員の優秀さを目の当たりにしました。妻が二足を選びサイズの在庫を尋ねたところ、店員はたちまちのうちに十足もの靴を持ってきてくれました。ソファーに座ってまもなく持ってきたので、別のお客様と間違えたのではないかと思いました。ところがさっきの二足の靴もその中にあったのです。

履いてみると意外と似合うものもあったし、店員の対応がまた非常に感じがいいものですから、結局、二足買うつもりが四足も買ってしまいました。妻が喜んだことといったら……！

でも、後になって「乗せられた、買い過ぎた」とは思いませんでした。おそらく、店員に「売りつけてやろう」というような魂胆がなく、心から「どうかお気に入りの靴を見つけてもらいたい」と思って勧められたからでしょう。

ノードストロームはこうしてCSを追求し、いまやアメリカ全土に百五十店舗以上を擁する一大百貨店チェーンを構築しています。店員たちに教える規則は一つだけ。

「あらゆる状況のなかで、お客様すべてに満足していただけるよう、あなたの優れた判断をしなさい」というもの。そして、これ以上付け加える規則はありません。

これは「ルール№1」と呼ばれているそうです。

これぞ、まさにＣＳ！　私はいつもこのノードストロームのＣＳを頭の片隅に置いて、コンシェルジュの仕事に取り組んでいます。

第2章

敷田流おもてなしの極意

コンシェルジュの辞書に「NO」はない

お客様の〝止まり木〟として

私たちコンシェルジュの一日は、正面玄関の扉の鍵を開けるところからスタートします。これはいわば「門番」としての役回りです。

前にレ・クレドールジャパンという組織について触れましたが、その名は「黄金の鍵」に由来します。コンシェルジュはお客様のご要望に何でもお応えできるだけの知識や経験、情報がいっぱい詰まった〝玉手箱〟を開ける黄金の鍵を持っているということです。

その意味では、一日の始まりのこの仕事は、コンシェルジュの役割を象徴するものとも言えます。

開店すると、私たちは正面玄関付近に立ち、お客様をお迎えします。そして、視線を周囲にめぐらしながら、何か尋ねたいこと、言いたいこと、お困りのことがあるのではないかと、目配りをするのです。

大事なのは、お客様のご要望を細大漏らさず引き受けること。コンシェルジュはお客様に「あ、あの人に相談してみよう」と思って、気軽に近づいていただける雰囲気を身にまとっていなければいけません。固定客のお客様は該当の各売場に〝止まり木〟を持っていらっしゃいますが、そのお店全体の〝止まり木〟として、コンシェルジュの存在感があるのです。何時でもゆっくりしていってください、welcome：大歓迎とすべての方に視線が向いているのです。

察知して動く

コンシェルジュの日々の業務は、大きく分けて四つあります。

① お客様のご意見・ご要望をうかがう

② お客様へのご案内や各種情報の提供を積極的に行う

③ お買物のご相談にお応えする

④　お体の不自由なお客様のお手伝いをする

どれも大切な業務ですが、とりわけ重要なのは①、お客様のご意見・ご要望をうかがうことです。開店から閉店まで、片時も気を抜かず、「お客様の声は残さず吸収する」気概をもって臨む必要があるのです。

コンシェルジュとしては、ご要望が寄せられるのを「待つ」のが基本ですが、ただ待っているだけでは十分ではありません。「察知して動く」という〝攻めの姿勢〟が求められます。

マニュアル的に言えば、両足を揃えて姿勢よくスッと立ち、手は前で軽く横に合わせる。これが一番美しい立ち姿であり、基本の〝待ち姿〟です。

そういう姿勢をとったうえで、体ごと出入りするお客様のほうを向き、正面から目を合わせながら、「いらっしゃいませ」「ありがとうございました」とご挨拶をします。

「体ごと」というのは、お客様のご要望をキャッチしようと、視線だけを動かすのは大変失礼だからです。言葉上は「ご挨拶をしながら、お客様の様子に目を配る」ことになりますが、コンシェルジュにとっての「目配り」は、「体ごと視線を動かす」ことを意味するのです。

ご要望のあるお客様は、実はコンシェルジュが自分と目を合わせるのを待っています。目が合わなければ、「もう、いいや」とあきらめる方も大勢いらっしゃいます。だからこそ、方々に視線を動かすにしても、できるだけ多くのお客様と目を合わせなければいけません。目を見れば、だいたい何かおっしゃりたいことがあるかどうかがわかるものなのです。

こうして、ご要望がありそうなお客様を見つけたら、こちらから近寄っていきます。そして、「いらっしゃいませ」とご挨拶をし、「何かお手伝いすることがございますか?」とお尋ねします。

お客様が話し始めたら、姿勢を低くし目線を合わせて真摯《しんし》に耳を傾けます。言ってみれば、これは〝受け身の姿勢〟。「細大漏らさず、ちゃんとお話をうかがいます」という意思表示でもあります。

また、コンシェルジュはいつだって、にこやかな「笑顔」でいたいものです。といっても、「笑顔をつくらなければいけない」などと意識する必要はありません。どうしても顔がこわばり、お客様に「わざとらしい笑顔だな」という印象を与えてしまうからです。

大事なのは、ご来店、ご利用を心から感謝する気持ちを持つこと。そうすれば、自然と表情がほころび、いい笑顔が浮かんでくるはずです。

こういった立ち居振る舞いを身につけることが、コンシェルジュの基本中の基本と言えるでしょう。

ついでながら、これはコンシェルジュだけではなく販売員にも共通する作法ですが、よくあるんです。ほかの販売員が接客しているお客様に、近くで作業している販売員が背中を向けたまま、「いらっしゃいませ」「ありがとうございました」と言うようなことが。

たとえ作業の途中であっても、ご挨拶をするときは手を止めて、きちんとお客様に向かい合い、目を合わせるようにする。それが、おもてなしの基本の作法というものです。

土・日・祝日のお茶サービス

土曜、日曜、祝日は、開店前から大勢のお客様がご来店されます。二十人、三十人は当たり前。とくに物産展をやっていて、「各日○点限り」の限定品や、先着何名様に粗品進呈などがあるときは、もっと多くの方が集まります。

そういったお客様にただお待ちいただくのは、非常に心苦しいものです。その時間を少しでもくつろいで過ごしていただこうと、私たちコンシェルジュは外に出て、お茶のサービスをしています。暑い日は冷たいお茶、寒い日は温かいお茶を紙コップに入れて、「よろしければ、どうぞ」というふうに。

このとき、私たちはもちろん手をきれいに消毒し、お盆に並べた紙コップに市販のお茶を注ぐのですが、その紙コップはお客様ご自身にお取りいただくようにしています。私たちが手に触れる回数ができるだけ少ないほうがよろしかろうと、清潔感に配慮してのことです。そうしてお茶をやりとりするなかで、

「今日はどういう催しがあるの？」とか、

「限定品の売場にはどうやって行くのが一番早いの？」

「買物の後、近くでお昼を食べたいんだけど、どこかいいお店ありますか？」

「銀座にも行きたいんだけど、道を教えてもらえますか？」

など、いろんな会話をさせていただいています。

この週末・祝日のお茶サービスは、横浜店で食料品売場を担当していた時代に、ダイヤモンド地下街（現ジョイナス ザ・ダイヤモンド）から髙島屋へ行く入口で行っていたサービスをヒントにしたものです。横浜店ではお茶関連のお取引先が日替わりで自分のところの日本茶を淹《い》れてさしあげていました。

これを日本橋店でも実行しようと思いました。食料品売場に担当してもらうより、私たちコンシェルジュが実行したほうがお客様との接点が増えると思い、コンシェルジュと顧客の係がお茶のサービスを行っています。

おかげさまで、お客様には大好評！　一服しながら、お店に入る喜びを増幅させていただくのに一役買っています。

と同時に、朝のティータイムは、お客様のご意見、ご要望を吸い上げる大切なひとときになっています。実は私自身も、お客様と交流できるこの時間を、とても楽しみにしているのです。

ご案内には「+αの心づかい」を

先ほどの四つの業務のなかの②、お客様のご案内という部分で、多いのは東京駅や地下鉄の日本橋駅をはじめ、日本橋三越本店さんやコレド日本橋さん、コレド室町さん、そして銀座や京橋など、近隣の場所への道案内です。

次いで多いのは、お目当ての売場への行き方や、商品を髙島屋で扱っているかどうかなど、売場・商品に関するお尋ねでしょうか。

そういったあらゆるお問い合わせに対して、たとえ髙島屋とまったく関係のない内容であっても、ご対応させていただいています。

道案内の鉄則

「百貨店のコンシェルジュなのだから、売場の案内だけすればいいんじゃないの？ 行きたいところがどこにあるかわからないとか、道に迷ったときなんかは、ふつうは交番に行くでしょ」

と思うかもしれませんが、それではコンシェルジュは務まりません。

日本橋に居を構えている以上、近隣の地図はすべて頭に入っているのが当たり前。多少遠い場所であっても、お客様から尋ねられれば、ちゃんと調べてお応えするのが、コンシェルジュの務めなのです。

また、ご案内に際しては、その場に立ったまま、口頭だけで道を説明するなんてことは絶対にしません。目印となる建物や交差点などが見える場所まで、お客様と同行する。そして、指を揃えた手でその目印を指し示し、道順をご案内します。それが鉄則です。人差し指で「あそこを曲がって……」などとやってはいけません。

たとえば、上の階の売場を案内するときは、エレベーターの見えるところまでいっしょに行って、「あのエレベーターで○階まで上がって、右手奥のほうにございます」などと説明する。あるいは、店外の場所ならば、玄関から外に出て、「あの信号のある交差点を渡って、左に直進すると、右手に見えてまいります」などと案内する。歩く距離にすればほんの数メートルの移動ですが、これをやるかやらないかでホスピタリティの質は格段に違ってくるのです。

ちょっと気恥ずかしいのですが、つい最近、私が道案内をさせていただいたお客様から、うれしいメールが届きましたので、ここにご紹介します。

先日は何年かぶりで日本橋髙島屋に出かけました。帰りに東京駅までの道を聞いたところ、大分お年の係の方（番頭さんという感じでした）が、それは親切に教えてくださいました。

その物腰といい、応対の仕方といい、いままではあまり目にすることのないすばらしいものでした。それがとても自然だったので、感激でした。

またあの方にお会いしたいな、ひとことふたこと言葉を交わしたいなと思います。すばらしいですね。応対ひとつでそのように客をひきつけるほどの魅力のある方は、最近ではどこを探してもなかなかいません。見習わなくてはと思いました。

質問でも要望でもないのですが、ひとこと言いたくてメールしました。あえて要望というならば、いつまでもあの方があそこに立っていてくださることです。

一期一会のお客様にこんなふうに思っていただけるなんて、コンシェルジュ冥利に尽きます。

「たかがご案内、されどご案内」です。常に目の前のお客様に心を尽くして応対することが大切です。

【エピソードファイル❷　お天道様と道案内】

「三越さんにはどう行けばいいですか？」

これは、よくある質問。なかには、「ライバル店のことをお尋ねするなんて、申し訳ないのですが」とおっしゃる方もおられます。

けれども、そんな気づかいは、もとより不要。「お気になさらないでください」と快く、季節に応じて二とおりのお答えを用意しています。まず店を出て、秋・冬の寒い日ならば、

「そこの信号を渡って、右にまっすぐ進まれると、左手に三越さんがありますよ」

とお教えします。そちらの通りのほうが日向《ひなた》なので、暖かいのです。

一方、夏の暑い日は、逆に日陰になる道をご案内します。「この通りをまっすぐ右に進まれると、左手に三越さんが見えてきますから、そこで渡ってくださいね」というふうに。

ただ、お客様にはとりたてて、日向だからとか、日陰だからといった説明はしません。何となく、言葉にした瞬間に、サービスの押し売りをするようで、イヤだからです。私としては、お客様に少しでも寒さ・暑さが和らぐ道を歩いていただきたいという思いから、そうしているだけのこと。それで喜んでいただければ、本望なのです。

最近になって聞いた話では、女性はとくに陽射《ひざ》しの強い日は日陰を探して歩くとか。だとしたら、私のささやかな心づかいもきっと喜んでいただいていると思います。

また、夕方暗くなってから、ご婦人を都営浅草線の日本橋駅にご案内するときは、暗くても近道がいいか、ちょっと遠回りをするけれども明るい道のほうがいいかを、お尋ねしています。

暗いといっても、人通りはあるし、そんなに怖いというわけではありません。ただご婦人の場合は、初めて通る道ですし、もしかしたら不安になるのではないか。そこを配慮して、

「お急ぎでしたら、こちらの外の道をご案内しますが、ちょっと暗いのですが。ちょ

っと遠回りになりますけど、地下道のほうが明るいですよ。どうされますか？」

という言い方でご案内します。

そうすると、「だったら、地下がいいわ」とおっしゃる方が多いように思います。

あと一つの例は、東京駅への道案内。よく「髙島屋さんは地下でつながってないいんですか？」と聞かれるので、〝雨の日バージョン〟を考えました。

「あいにく髙島屋と東京駅は地下でつながっていないのですが、信号二つ目のキリンの像がある辺りから八重洲地下街に入っていただくと、地下道を通って東京駅に行けます。そこまでは、ビルの軒先を借りながら行けば、そんなに濡れずにすみますよ」

傘があっても、雨のなかを歩くのはイヤなもの。極力それを避けるには、この行き方が一番いいのです。

お客様の目的地に行く方法は、必ずしも一つではありません。天候や時刻に応じて、複数の選択肢をご提案することも大切な「＋αの心づかい」でしょう。

なるべく複数の選択肢を提供する

商品のお問合わせに関して、私が最重視していること、それは、

「お客様にきちんと選択肢を説明できるか」

ということです。お客様が気づかせてくださいました。

それは、「ティファニーはありますか？」と聞かれたときのこと。髙島屋では扱いがないので、私はいつものように、「申し訳ございません。当店には置いてございませんが、近くの三越さんでしたらございます」とお答えしました。

すると、お客様が怒ってしまわれたのです。

「何を言ってるの！　私は髙島屋でしか買物をしないのよ。どうして、ほかの店を案内するの？」と。

そこで、はたと考えました。この場合、答えはこれ以外にもあったはずです。

「あいにく当店にはございませんが、髙島屋ですと新宿店、玉川店と横浜店、柏店にございます」

このように、お客様にご提供する選択肢がありながら、私は勝手に選択肢を一つに決めてしまっていたのです。

どんなお問合わせにも、できる限り複数の選択肢を提供するのがコンシェルジュの務め。その選択肢からベストな答えを選ばれるのは、お客様自身なのです。

このときの失敗を胸に刻み、以来、どんなお問合わせに対しても常に「ほかにもご提供できる選択肢はないか」と考えるよう努めています。選択肢を提供・説明することは、コンシェルジュが最も重視するべき「＋αの心づかい」の一つなのです。

【エピソードファイル❸ 悩み多き中元・歳暮】

中元・歳暮のシーズンになると、商品選びはもとより贈る時期、熨斗《のし》の文字など、多くのご相談が寄せられます。

儀礼的な贈物は、判断に迷うことが多いからでしょう。たとえば、こんなご相談を受けたことがあります。

「先様に不幸がありましてね。まだ四十九日の喪も明けていない時期に、お歳暮を贈ってもよいものでしょうか」

問題は先様が不快感を覚えるかどうか。これぱかりは直接、当人にお尋ねするわけにもいかないので、悩むところでしょう。ご相談を受けたこちらが、無責任に「大丈夫ですよ」と判断できる問題でもありません。

そこで、私は選択肢を示しながら、こうお答えしました。

「お歳暮は本来、日ごろの感謝をこめた贈物ですから、先様が喪中であっても、とくに気にする内容のものではございません。ただ、先様がそういうことを気にされる方のようなら、よされたほうが無難でしょう。

とはいえ、いつもお贈りしているのをやめにするのも、何だか薄情なようで、落ち着きませんよね。先様が気にされるかどうかわからないと、なおさらでしょう。その場合は『粗品』の熨斗をつけて、お贈りしてはいかがでしょうか。あるいは、四十九日が明けてから、『寒中お見舞』の形でお贈りする方法もございます」

あとは、お客様の考え方しだい。ベストな方法を選んでいただけます。

また、こういうご質問もよくあります。

「いつもお中元なんかもらったことがない方から、どういうわけか今年は贈られてきたんですよ。お返しをどうしようかと悩んでいます」

これも、先様に「今年は特別に」という思いがあるのか、「今後もやりとりをしたい」気持ちがあるのか、判断しかねるところです。お返しをするお客様の気持ちがポイントになるでしょう。私の答えはこれ。

「お客様がもし今回限りにされたいのであれば、『粗品』の熨斗をつけてお返しするとよろしいかと思います。でも、これを機に今後ともやりとりしようと思われるなら、熨斗は先様と同じように『お中元』がいいでしょう」

中元・歳暮は惰性でやりとりが続いていくことが、意外と多いもの。「粗品」で終わりにする、という方法もあるのです。選択肢をご提示すると、そういうニーズにお応えすることもできます。

「ノー」を言わない接客

コンシェルジュの辞書に「ノー」という言葉はない。私はそう思っています。お客様のどんなご要望にも対応することを信条にしているのです。

ですから、お客様へのお応えとして、「ありません」「できません」「知りません」というような否定的なお応えではご満足されないでしょう。

これを口にした瞬間に、お客様を失ってしまうと言っても過言ではないでしょう。

現実問題、たしかに「ないものはない」し、「できないことはできない」「知らないことは知らない」。それでも、お客様にご満足いただけるにはどうすればよいかを考え、行動することが大切なのです。

ポイントは「いまの商売」「いまの自分」で勝負しないこと。現状がどうであれ、そこから離れて、視点をぐっと広げることで、対応策が見えてきます。

以下、つい「ありません」「できません」「知りません」と言ってしまいがちなケースを取り上げながら、それがなぜよくないのか、対応のヒントになるエピソードとともにお話をしていきましょう。

「ありません」でお客様との会話は終わってしまう

いかに品揃えが豊富でも、お客様の求める商品を取扱っていないことはあります。そんなとき、たいていはこんな答えが返ってきます。

「申し訳ございません。当店では取扱っておりません」

どれほど丁寧に言おうとも、お客様は「そうですか」と要望を取下げることしかできません。

「ありません」のひとことで、お客様との会話は終わってしまうのです。

しかし、よく考えてみてください。「ない」といっても、「いま、ここにない」だけで、探せばどこかにあるはずです。

たとえば、取扱いのあるほかの店を調べてお教えするとか、場合によってはメーカーに問い合わせて取寄せるとか、お客様のご要望に合う別の商品をご紹介するとか、できることはいくらでもあるのです。

そのご提案をしたところで、自分の店の売上げには結びつかないでしょう。でも、対応ひとつで、お客様にご満足いただけるなら、それで十分ではありませんか。

商売はいますぐ実らなくても、お客様にいいイメージを持っていただくことが大切なのです。心を尽くしたおもてなしはお客様に届くはずです。

【エピソードファイル❹　5Lサイズの洋服】

ある日、お相撲さんみたいに大きな男性がご来店されました。

「ぼくのサイズの服、ありますか？」

というお尋ね。一見して２L、３Lサイズでもムリそう。あいにく髙島屋ではそこまで大きな紳士服は扱っていません。

そこで、私は「新宿の百貨店なら、あると思いますが，よろしければ在庫を確認致しましょうか」とお応えしました。

ところが、彼は「新宿は遠いし、高そうだからイヤだ。もっと近いところにないの？」とおっしゃるのです。

これには困りました。このとき、ふと、以前電車の中吊り広告で見たことのあるサカゼンさんを思い出しました。ここは、大きいサイズの品揃えが豊富なことで有名で、本店が当店に近いところにあるので、お客様にはうってつけに思えました。

私は、本当は「行ったことのないところにはご案内しない主義」なのですが、お急ぎのようだったので、サカゼンさんに電話をしてみました。

「日本橋髙島屋にこういうお客様がいらっしゃるのですが、５Lくらいの紳士服は取扱っていますか？」

と聞いたところ、「たくさん、ありますよ」とのこと。それではと、住所と電話番号、アクセスなどを詳しく教えてもらいました。お客様にはそれをメモにしてお渡しし、

「都営浅草線に乗って東日本橋で下車し、B4番出口を出てください。そこから道をこう行って……」

とご説明しました。

彼はうれしそうに、「じゃあ、そこに行ってみるよ」と髙島屋を後にされました。

それから二、三時間も経ったころ、彼はまた髙島屋にやって来られました。サカゼンさんの買物袋をたくさん携えて。

「ぼくは九州でね。これから新幹線で帰るから、ちょっと寄って、お礼を言おうと思って。敷田さんに合うサイズの服もたくさんありましたよ。お土産《みやげ》がわりに、カタログをどうぞ」。私も3Lか4Lですので、サカゼンさんのカタログをわざわざ持ってきていただいたのは嬉しかったですね。それ以来、彼はご来店のたびに大好きなワインを購入してくださっています。私のところにも必ず顔を見せてくださり、おしゃべりして帰られます。「もうすぐ、結婚するんだよ」なんて個人的な話もお聞きしました。

あと、余談ながら、彼にいただいたカタログは、彼と同じようにサイズを探すのに苦労する私にとっても非常に魅力的なものでした。さっそくサカゼンさんに行き、品揃えの多さを確認して、大きなサイズをお探しのお客様をご案内するようになったのはもちろんです。

それもこれも、対応を「ありません」で終わらせなかったおかげです。売上げに直接結びつく・結びつかないにかかわらず、「今日のお客様」を大事にしてご要望に対応することが、「明日のお客様」をつくることにつながるのです。

「できません」はお客様の期待を裏切る

何か困ったことがあって、どうにか対応して欲しいと思っているときに、相談したコンシェルジュや販売員が、

「それはできかねます」

と答えたとしたら、お客様はどう感じるでしょうか。

十中八九、ガッカリされます。人によっては、失望したあげくに、「もう金輪際、この店を利用するものか」とまで思うかもしれません。

そんなにべもない対応は、お客様の期待を裏切ることにほかならないのです。

たとえ、自分の職域を超えた対応を迫られたとしても、何とかご要望を満たす方法

があるはずだと考える。もっと言えば、「自分にはできない相談だけれど、できる誰かがどこかにいるはずだ」と考えて対応策を探る。そういう視点が必要です。

なぜなら、お客様にとって重要なのは、要望に応えてもらうこと。その対応が相談した人の仕事の範囲なのか、そうでないのかは、関係ないからです。

つまり、お客様のご要望に対して、必ずしも自分で対応しなくてもいい。自分にできない場合は、できる誰かを探し出し、対応の道筋をつけてさしあげればいいのです。

そう考えると、できないことなど何もなくなるはずです。

そんなことをしても、自分や会社には何のメリットもないと思うかもしれませんが、それは狭量というものです。

対応を見ていれば、お客様だって、自分のお願いしたことが相談した人の仕事ではないことや、会社の利益にはまったく結びつかないことに気づきます。「それなのに、この人は自分の要望に応えようと、がんばってくれている」と思われるでしょう。

こちらの「お客様のお役に立ちたい」「お客様に喜んでいただきたい」という思い

が、〝できないということを言わない接客〟を通して、きちんと伝わるのです。

そういう積み重ねが、やがて自店のファンを醸成していくことにつながるのですから、これほど大きなメリットはないと言っていいでしょう。

【エピソードファイル❺ ホテルからのSOS】

日本橋髙島屋にご来店いただいたお客様のご要望にお応えするのが基本ですが、ときにはその枠を超えて他店のお客様にご対応する場合もあります。

たとえば、丸の内にあるホテルのコンシェルジュから〝SOSの電話〟が入ったときがそうでした。

「お客様のネームタグに靴墨がついたので取ろうとしたところ、タグをダメにしてしまいました。敷田さん、同じものを探してもらえませんか？」

彼はコンシェルジュとして、お客様に「申し訳ございません」のひとことですませるわけにはいかないと思ったのでしょう。とはいえ、タグを探す手立てはありません。そこで、ボストンバッグを扱う髙島屋なら探せるかもしれないと考え、以前からの知り合いである私に相談してみたわけです。

そのお客様は髙島屋のお客様ではありませんが、それは現時点での話で、いつか髙島屋に見えるかもしれない大切なお客様です。それに、コンシェルジュ・ネットワークのなかで、困ったときは互いに助け合うのは当然です。私は条件反射的に、

「わかりました。探してみましょう」

と請け合いました。

ただ、問題のタグはエンジ色。黒ならすぐにも見つかりますが、エンジ色となるとなかなか見つかりません。

髙島屋はもとより三越さん、大丸さん、有楽町の交通会館さんなど、方々探し回りましたが、結果的に徒労に終わりました。

でも、ここであきらめたのでは百貨店のコンシェルジュの名折れです。どうしようかと考えて、今度は私が自分のネットワークを活用することにしました。以前、紳士雑貨売場を担当したときに親しくしていた、かばんの「エース」さんの営業担当の方に頼んだのです。

「餅は餅屋」と言いますか、彼は名古屋の倉庫にエンジ色のタグがあることを突き止めました。そして、翌日には送ってくれたのです。

結果、ホテルのコンシェルジュもお客様も、大変に喜んでくださいました。

もちろん、四方八方手を尽くしても見つからない場合もあろうかと思いますが、大事なのは「これ以上できることはない」となる最後の最後まで、あきらめずにあらゆる可能性を探ること。「できません」のひとことで片付けてはいけないのです。

【エピソードファイル❻ 買物代行も辞さず】

よくご来店される女性のお客様から、ある日、「ニューヨークの友人へのお土産を探している」というご相談が舞い込みました。

そのこと自体はふつうに対応できること。困ったのは、彼女が望むお土産のなかに、うちでは扱いのない商品が含まれていたことです。

福砂屋のカステラを十個と、ふくやの明太子十個、この二つはすぐにご用意できます。ところが、小川軒のレイズン・ウィッチ十個というご要望に対しては、日本橋髙島屋では催しのときしか扱っておらず、あいにくこのときはなかったのです。

ふだんなら、「レイズン・ウィッチは三越さんにございますから、そちらでお買い求めいただけますか？」というふうにご案内するところです。でも、そのときのお客様のご依頼は、

「明日の昼すぎに成田から出るので、三つのお土産を持ちやすいようにまとめておい

てください」

というものでした。つまり、お客様に百貨店回りをする時間的余裕はなかったわけです。

そこで、私は三越さんに問合わせ、「毎朝、百個入荷する」ことを確かめたうえで、お客様に「レイズン・ウィッチだけ三越さんの包装紙になってもよろしいですか？」とお尋ねしました。すると、「包装紙はどこのものでもいいのよ、レイズン・ウィッチが必要なのだから」、とのこと。私が翌日、朝イチで買いに行くことにしました。三越さんにはあらかじめ、十個を取っておいてもらうようにして。

このように、お客様のご要望を百％満たすには、「レイズン・ウィッチについては対応できません」とする選択肢はありえません。コンシェルジュの業務に「買物代行」はありませんが、お客様の立場に立って、私はこれを自分の業務と捉《とら》え、遂行したのでした。

「知りません」はお客様の夢を壊す

「知らないことは何もない」なんて人はいません。知らないことはあって当たり前です。でも、だからといって、知らないことを聞かれて、オウム返しするように「知りません」と答えるのでは、あまりにも能がないし、不親切です。

大事なのは、「知らないことを知る」努力をすることです。

幸い、いまはインターネットという便利なツールがありますから、聞いたことのないブランドやお店、商品など、たいていのことは調べられます。それでもわからなければ、知っていそうな人に尋ねることもできます。

そういう努力を重ねることが、「知りません」を言わない接客であり、自分自身の「知らないこと」を減らして「知っていること」を増やしていく、コンシェルジュとしてのスキルアップにもつながるのです。

「知りません」のひとことは、「こういう買物や食事をして、楽しいひとときを過ごしたい」というお客様の夢を壊してしまうことだと肝に銘じておきましょう。

お買物のご相談には一歩踏み込んで対応する

私どもコンシェルジュの四つの業務の③、お買物のご相談にお応えすることについては、「一歩踏み込んだ対応」が求められます。

一歩踏み込むというのは、お客様が本当に望んでいることを察して、商品選びのヒントになるアドバイスをしたり、職務を超えて必要なサポートをしてさしあげたりすることを意味します。杓子定規な対応だけでは不十分だ、ということです。

ひとこと添えるアドバイスを

お買物相談のなかでも多いのは、贈答品に関するものです。

たとえば、ご病気で入院されていた方が退院されたときに、お見舞いくださった方に贈るもの。「熨斗に何て書けばいいの?」とか、「どういうものがいいでしょうか?」などと、よく聞かれます。そういう場合、

「熨斗は『快気内祝い』がよろしいかと思います。石けんやタオルをよくお使いいただいています」

これも一つの答えですが、コンシェルジュとしては合格とは言えません。なぜ、石けんやタオルがよく使われるのか、そのなかでもどんなものに人気があるのか、とい

ったところまで触れるのが、プロのアドバイスというものです。

「熨斗は『快気内祝い』。『病気に勝った』ということから、鰹節を選ばれる方が多いですね。いまはご家庭で鰹節を削られる方はあまりいらっしゃらないので、削り節のパックを詰め合わせたものに人気があります。長持ちしますし、どのご家庭でも使われるものなので、先様にも喜ばれるでしょう。

あと、石けんやタオルも、『悪いものを洗い流した』ということで、よくご利用いただいています。最近は、無添加の石けんとか、オーガニックのタオルなども増えていて、そういうものを選ばれるのもよろしいかと思います」

こんなふうにご説明すると、ご贈答品選びの大きなヒントになります。

また、還暦や古稀、喜寿、傘寿、米寿など、長寿のお祝いのお品に関するご相談もよく受けます。その場合のヒントとなるのは、「お祝いの色（イメージカラー）」です。

還暦の赤は〝有名〟ですが、ほかはあまり知られていません。でも、実は古稀（七十歳）は藍色、喜寿（七十七歳）は黄色、傘寿（八十歳）はオレンジ色、米寿（八十八歳）はベージュ、卒寿（九十歳）は紫、白寿（九十九歳）は白、といった具合に、イメージカラーというものがあるのです。

実際には諸説あって、決まりはないのですが、昔からの言い伝えをもとに、髙島屋ではこの色と決めています。

そこで、私はたとえば七十七歳の喜寿を迎えるご婦人への贈物を探されている方には、こんなふうにアドバイスします。

「喜寿のイメージカラーは黄色と言われていますから、その色の入ったスカーフなどはいかがでしょうか。お酒のお好きな方なら、江戸切子《きりこ》のグラスもいいですね。きれいな色のものがあります。黄色をテーマに、先様のお好きなものを探してみるのも、一つの方法ですよ」

このひとことを添えることで、お客様からは「贈物を探しやすい」「贈るときに、ちょっとしたウンチクが語れる」とお喜びいただいています。

もう一つ多いのは、ホワイトデーに関するご相談です。男性は贈物選びが苦手なせいか、毎年この時期になると、「バレンタインにチョコをもらったのですが、ホワイトデーのお返しにはどんなものがいいでしょうか」というご相談が数多く寄せられま

す。なかでも、

「ハンカチくらいしか思いつかないのですが、別れを意味するから不吉だとも聞きますし……」

と悩まれる方が、とても多いのです。このときに、

「いえいえ、ハンカチを贈られる男性は多いですよ」

とお答えするだけでは、お客様はいまひとつ納得できないのです。なぜ不吉と言われているのか、でもそれは迷信だということをご説明する必要があります。

「お客様、ハンカチは英語で、hand ker chief（ハンカチーフ）ですよね。ハンドは手で、チーフは布切れを意味します。そこから『手切れ』という言葉を発想して、不吉だと言われるようになったのです。

言ってみれば、ダジャレのようなものですから、ハンカチは別に不吉でも何でもないんです。気にされずにハンカチを贈られる方は多いですよ」

ここまで説明して初めて、お客様は納得・安心してホワイトデーのお返しにハンカチを求めることができるわけです。

これらの例のように、お買物のご相談にはひとこと添えるアドバイスをする、それが大切なポイントです。

ときにはイレギュラーなサービスを

お買物のご相談に対応しようとすると、ときには通常業務の範囲を超える場合もあります。コンシェルジュはケース・バイ・ケースで判断して、ベストなサービスを提供する必要があります。

たとえば、デリバリー・サービス。デパートはどこでもそうですが、商品のお届けに関しては基本的に有料の配送という形で承っています。

けれども、お客様の事情によっては〝ルール破り〟をして、コンシェルジュがお届けすることもあります。二つほど、実例を紹介しましょう。

一つは、ある百貨店でデリバリーを断られ、「それは困る」と、わざわざ高島屋にご来店されたご夫婦のケースです。

その方は高級なシャンパンやワインを十本ほど、金額にして二十万円くらい購入したく、宿泊していた近くのホテルまで届けてくれるよう頼まれたそうです。それを「当店はデリバリー・サービスをやっておりません」と断られたというのです。

よくよくお話を聞くと、その日の夜にホテルの部屋で開くパーティで飲むワインだとか。ご夫妻はご高齢でしたから、ほんのわずかの距離でも、自分たちで重いワインを持って歩くのはおイヤだったのでしょう。

そんな事情がわかったので、私は「もちろん、お届けいたします」とお引き受けしました。ご夫妻は喜んでワインをご購入くださいました。これが縁で、以後も当店をご利用いただいていることは言うまでもありません。

もう一つのケースは、香港からご来店のお客様です。その方は品川のホテルに宿泊されていて、髙島屋で買物をされた後、「デリバリー・サービスはありますか？」と尋ねられました。英語対応のお客様でした。

「あいにく当店にはないのですが、どうしてでしょうか？」

とうかがったところ、これから赤坂見附のホテルのレストランに食事に行くから、荷物をたくさん持っていくのは大変だ、とわかりました。

あらゆる問い合わせにNOと言わない

ありません	→	お客様との会話がそれで終わってしまいます
できません	→	お客様の期待を裏切ることになってしまいます
知りません	→	お客様の夢を壊してしまいます

ならば、何も迷うことはありません。

「私がお届けしましょう」と即答しました。それが、お客様の立場に立ったベストな判断だと思ったからです。

その後、香港から来日されるたびに、ご指名でお買物のお手伝いをしているのはいうまでもありません。

このように、ルールというのは絶対に守らなければならないものではありません。たとえルールにないサービスであっても、無下に断らずに、まずお客様の事情をよくうかがう。そのうえで、それがベストであればルールを曲げてでも、可能な限りお客様のご要望を優先する。〝柔軟に対応〟は、ルールを守ることよりも大事なことなのです。

〔エピソードファイル❼ 浮世絵を求めて銀座へ〕

フランス人の男性が日本橋髙島屋にご来店されたときのことです。その日は旅行の最終日で、午後しか時間がない、とのことでした。

彼はお子様から預かってきたという、トミーのヘリコプターが載っているパンフレットを示し、「これ、ありますか?」と尋ねられました。英語対応のお客様でした。

「五階の玩具売場にございます。よろしければ、同行いたしましょう」と申し上げ、お買物のお手伝いをしました。

ほっとした表情を浮かべた彼は、さらに、「あと一つ、浮世絵を探しているのですが」とおっしゃいました。

はて、困った……浮世絵は扱っていません。

私は浮世絵を扱うお店を探すことにしました。

まず、思い当たる百貨店、本屋などに電話で問い合わせましたが、空振り。切羽詰まった状況のなかで、ふと「そう言えば、街歩きをしたときに見たことがあったな。

その店はたしか、『銀座百点』という冊子に載っていたはずだ」と思い出しました。何とか情報を見つけ出し、銀座の専門店の「渡辺版画店」を探し当てました。

果たして、電話をしてみたところ、「浮世絵はたくさん揃っている」とのこと。ここをご案内することにしました。

通常なら、住所や電話番号を書いたメモと銀座の地図を渡し、お客様自身で行ってもらうようにします。コンシェルジュの仕事はここまでかもしれません。でも、ちょっとわかりにくい場所でしたし、日本語を話さない外国の方ですから、「彼はひとりでは行けないのではないか」と心配でした。

私もアメリカに住んでいた時代に何度、メモだけを頼りに目的地に着くことができずに途方に暮れたことか。そんな記憶もよみがえり、お客様にこう申し出ました。

「お客様が目的地まで行けるかちょっと心配なので、もし私をタクシーで送り返してくださるなら、いっしょに行きましょうか」

彼は二つ返事で了解し、二人で銀座の専門店に向かいました。

そして道々、彼は葛飾北斎の浮世絵の写真が載った本を見せながら、こんな話を明かしてくれました。

「実は友だちが、こういう浮世絵を探しているのだ。ほら、いろんな構図で富士山が描かれているでしょ？　友人はこういう絵をエッフェル塔で描きたいのだって。だから、日本に行ったら、ぜひ買ってきて欲しいって、頼まれたのだよ」

なるほど、そういうワケだったのかと合点しつつ、『富嶽三十六景』ならぬ『エッフェル塔三十六景』を想像してワクワクしたことを覚えています。

さて、お店に着いてからは、お買物と免税手続きのお手伝い。何十万円もの買物ができた彼はとても満足し、約束どおり、私を店まで送ってくれました。

髙島屋の売上げはトミーのヘリコプターだけで、一万円程度のものでしたが、お客様にとってはヘリコプターも浮世絵もどちらも大事。「両方買わなくてはフランスに帰れない」くらい重要な使命だったのです。

もし、住所のメモを渡して仕事を終わりにしていたら、お客様は浮世絵を買えなかったかもしれません。

私自身も「無事にたどり着けたかな。買えたかな」という心配がいつまでも残り、喜んでいただけたかどうかもわからず、コンシェルジュとしての達成感が不完全燃焼に終わったことでしょう。

お客様に心からご満足いただくためには、ときにはイレギュラーな仕事にも、率先して取り組むことが大切なのです。ちなみにこのお客様は半年後に再び来日し、私を訪ねてくださりお礼を言うとともに、髙島屋で何十万円ものお買物をされました。

お体の不自由なお客様のお手伝い

日々の業務の④、お体の不自由なお客様のお手伝いをする、これに関しては店全体で取り組んでいます。

設備と技術でサポート

たとえば、目の不自由なお客様が安心して階段を使用できるよう、手すりを設けていることはもちろん、段の端には黒いラインを入れて視認性をよくしています。

目の見え具合は人によって違いますが、概して目の不自由な方には階段がのっぺらぼうに見えてしまうそうです。目立つ色のラインがあると、「そこが端だな」とわかり、安心して使用できるようです。この線は滑り止めにもなり、二重の意味で人にやさしい配慮になっています。

それと、点字の売場案内とレストランメニューを用意しました。しかしながら、10年以上たった現在でも点字のご案内をしたことは一度もありません。売場やレストランの内容が以前と違うものに変わってきており、新しい点字の案内をつくらなければなりませんので残念ながらあきらめました。需要を想定してのホスピタリティの提供でしたが、もし需要があるのであれば、復活する必要があると思います。

また、耳の不自由なお客様には、手話を話せる者や勉強中の者が、日本橋店だけで約三十人います。

私自身はコンシェルジュになってすぐ、手話の入口を少しだけ勉強しました。グーした右手を耳の横から下におろし、顔の両横で両手、人さし指をちょこんと曲げて、二人で挨拶というふうに指を動かせば「おはようございます」。

中指、人さし指を縦に眉間《みけん》のところに置いて時計の十二時を示し、両手人差し指をちょこんと曲げて挨拶するように動かせば、「こんにちは」。

お相撲さんが手刀を切るような動作をすれば「ありがとうございました」。

この程度の手話しかできませんが、耳の不自由なお客様はとても喜んでくださいます。加えて、口を大きく開けてゆっくり話したり、筆談をしたりなど、いろんな工夫をして円滑なコミュニケーションに努めています。

このほか、当然のことながら、髙島屋には車椅子や地下鉄口での昇降機の設置のご用意もありますし、介助サービスについてはお客様に喜んでいただけるよう日々努力を続けています。

苦い経験

いつだったか、朝の通勤途上、東京駅で階段のほうに向かう目の不自由なご婦人を見かけました。私は思わず駆け寄り、彼女の腕をとって、

「危ないですよ、そこ、階段がありますから」

と声をかけました。

すると、彼女は瞬時に私の腕をはねのけ、「けっこうです。必要だったら、私から

お願いしますから」とおっしゃったのです。

自分としてはお手伝いをしようと思っただけなのに、どうして気を悪くされてしまったのか。このときの私には彼女の心情がわかりませんでした。

しかし、コンシェルジュに必要だと思ってサービス介助士（高齢者や体の不自由な人に対する介助）の資格を取得しようと、六カ月の通信過程を経て二日間の実技教育を受けて、ようやく気づきました。

「お体の不自由な方は、健常者と同じように接して欲しいのだな。

あのときも、ご婦人が『手を添えて欲しい』とおっしゃるまで、自分から手を差し出してはいけなかったのだ。そういう言葉を聞いてから、『よろしければ、私がご案内しましょうか。どうぞ、肩におつかまりください』などと言い添えるべきだった。

頼まれもしないのに、腕を取ったり、手を握ったりするのは大変失礼なことで、介助サービスとしてはもってのほかなんだ」と、深く反省しました。

お体の不自由な方のお手伝いをするときは、健常者と同じように接することを第一義とする。これは一番大事なことです。

実際問題、いかにお体が不自由であっても、行動や感性は健常者と同じです。私が感動したエピソードを一つ、紹介しましょう。

それは、全盲のご婦人から「ヘアアクセサリーを探しているのですが、手伝っていただけますか」と依頼されたときのことです。私は「よろしければ、私の腕でご案内しましょうか」とお断りしたうえで、アクセサリー売場にお連れしました。

お客様は「黒色のヘアアクセサリーが欲しい」とおっしゃったので、私は「こちらはスパンコール、こちらはビーズがついています」などと言いながら、三点ほど手にとっていただきました。

しばらく、いろいろ触ってみて、最後に「これ、どうかしら」と一つを選んで、自分の髪につけられました。それがとてもお似合いで、お洋服ともピッタリ合っていて、そのセンスの良さに舌を巻いたくらい。

目が不自由でも、彼女は素晴らしい感性をお持ちなのでしょう。

サービス介助士の資格を取得してわかったこと

サービス介助士を取得したとき、実技演習では「自分が体の不自由な人になって行動する」という疑似体験が行われました。

白内障用のゴーグルをかけ、両手・両足にはそれぞれ右と左で違う重さのおもりをつけ、指には指二本と三本に分けてゴムを巻き、耳には耳栓をした姿で、杖をついて一時間町中を歩き、食事もしてくるのです。

その異様ないでたちには、周囲の人たちもびっくり。最初は恥ずかしく思いましたが、すぐに気にならなくなりました。というのも、歩くだけで精いっぱい、食事をすることで精いっぱいだったからです。

おかげで、お体の不自由な方のご苦労が、身にしみてわかりました。

たとえば、日陰は暗すぎて、日向は太陽がまぶしくて、ほとんど何も見えません。耳栓をしているので、車にはすぐ近くに来るまで気づきません。

足が重くて、おまけに左右のバランスもとりにくく、思うように歩くこともできません。

ゴムが巻かれた指だと、モノをつかむのも一苦労。とても食事を味わう余裕はありませんし、不自由な指で電話機にコインを入れるのも大変でした。

こういった体験を通して、わずかばかりでも「お体の不自由な方の身になって考える」ことができるようになったと思います。

もとより、サービス介助士の資格は日々の業務に生かすために取得したもの。車椅子のお客様をご案内すること一つとっても、安心・安全・快適にご利用いただける配慮をしています。

たとえば、急なスロープで車椅子を使用するときは、お客様の後ろから押すと、前につんのめってしまうので、必ず後ろ向きに引いて下がるようにしています。

また、スロープのない階段で車椅子を数人で持って上げ下げするときには、車椅子のどこを持てばいいのか、何人の手伝いが必要なのか、前もって決めています。特定のところを持たなければ、すぐに壊れてしまう可能性があるのです。

さらに、段差のあるところでは、お客様に前もって、「段差がございます。お気をつけくださいと説明しながら、移動します。でないと、ガタンガタンとなって、お客様が非常に痛い思いをして、不愉快になってしまうのです。

けれども、そんな私の対応もまだまだ完璧とは言えません。お客様から教えられることがたくさんあります。

例を一つあげれば、以前、足の不自由なご婦人がご来店されたときのことです。「お茶を飲みたい」とおっしゃったので、私は近くの三カ所をご案内しました。

一番近いのは正面のエレベーターの裏の中二階、二カ所目は近くのエスカレーターを降りてすぐの地下一階、三カ所目は正面のエレベーターで二階に上がった奥にあります。あとは、お客様のお好みで選んでいただこうと思いました。

私はこのとき、「おそらく地下一階に行かれるだろうな」と予測していました。ところが、帰りがけに「さっきはありがとう」と声をかけてくださったお客様に「どちらへ行かれたのですか？」とお聞きしたところ、二階の一番奥にある喫茶店でした。

お客様がおっしゃるには、

「足が不自由なので、中二階とはいえ、階段はきついでしょ。あと、エスカレーターは上がるときはいいのですけど、下りが怖いのです。ステップが次から次へと降りてきて、どこで足を出せばいいのかわからなくなってしまうのです。だから、少し遠くても、平らな道は歩きやすいのでエレベーターで行こうと思ったのですよ」

とのこと。こういうことは、健常者ではとても想像できません。お客様から教わりながら、ご案内をしています。

ちなみに、日本橋高島屋には現在、サービス介助士の資格を有する者が約三十名います。

【エピソードファイル❽ 床屋さんへ〝出張介助〟】

その電話は、八重洲の地下にある床屋さんからかかってきました。

「実は今日、父と記念写真を撮ろうと、高島屋さんに行く予定なのです。その前に、父が学生時代から通っていた床屋さんで整髪したいというのでやっていただいたのですが、足が動かなくなってしまったのです。車椅子をお借りできますか？」

受話器の向こうから、お嬢様の動揺が伝わってくるようでした。

ただ、車椅子を店外で使うためにお貸しすることはできません。万が一、不慣れや不慮のための事故が起こらないとも限りませんので。

車椅子というのは、わずかな下り坂でも、ちょっと手を離しただけで、スーッと下っていくなど、大変に危険なのです。サービス介助士の資格の有無は別にして、ご本人が自分で車椅子を操作できるか、あるいは使い方に習熟した介助者が付き添っているならば安心ですが、無闇にお貸しするのは事故のもとということで、髙島屋では外での使用のための貸し出しは行わないことをルールとしています。

とはいえ、髙島屋での写真撮影を楽しみにご来店されるお客様がお困りになっているのですから、お断りするわけにもいきません。そこで、私はこう申し上げました。

「あいにく車椅子は店内でしか使えませんが、私がそちらへ車椅子をお持ちして、お父様を店の写真スタジオまでお連れしましょう。それでよろしいでしょうか」

お嬢様は大変喜ばれました。サービス介助士の資格は、こういうときにも生きるのです。

床屋さんに行くと、お父様はかなりご高齢の方だとわかりました。おそらく、小一時間も座っていたため、立ち上がるのも難儀になったのでしょう。

私は床屋さんのご主人といっしょに、お父様を抱え上げて階段を上り、車椅子にお乗せしました。そして、スロープやガタガタ道をゆっくり、ゆっくり歩いて、無事、写真スタジオに到着しました。

このケースのように、ふだんはお体が不自由でなくとも、突如変調を来《きた》すことはよくあります。常日ごろから、お体の不自由な方に対するホスピタリティを実践していれば、そういう火急の場合にも対応できるのです。

話は少々横道にそれますが、〝床屋さんつながり〟でエピソードがもう一つあります。

それは、外国の方がご夫妻で見えたときのこと。奥様は買物をしたいけれど、ご主人がつきあうのはイヤだと言って、もめてしまいました。

奥様は「ここで一時間くらい待っていて」とコンシェルジュデスクのところで座っているように頼みました。

すると、ご主人は「そんなにかかるのなら、床屋に行きたい」と言いだしたのです。英語対応のお客様でした。

そこで、私は「近くの床屋さんを知っているので、ご案内しましょう」と申し出て、床屋さんにご案内させていただきました。床屋さんのほうも、いきなり外国人に来られても戸惑うだろうと思ったからです。

まず、椅子に座っていただき、スタイルブックから好みのヘアスタイルを選んでいただきました。お値段は四千八百円とのこと。

「お客様、終わったら四千八百円払ってくださいね。チップはいりませんよ。私は高島屋の正面玄関脇デスクでお待ちしていますから」

私はそう言って、いったん床屋さんから出ていきました。ずっと待っていられても、気を使われると思ったのです。

約一時間後、床屋さんから出てきたご主人をお迎え。「グッド・スタイル」とお褒めしたら、とてもうれしそうな顔をされました。奥様もゆっくり買物ができて、喜んでくださいました。めでたし、めでたし、です。

第3章

武器は「情報」と「人の輪」

好奇心を原動力に

「記録」がサービスの改善をもたらす

お客様のご意見・ご要望を吸い上げる、その目的は、既存のサービスの改善や新しいサービスの創出に結びつけることです。聞きっぱなしでは意味がありません。

そこで、大事になってくるのが、お聞きしたことを忘れないよう、また会社や担当部署に改善を求める際の根拠を示せるよう、現状の「記録」をしておくことです。

日報による情報共有と情報蓄積

私たちコンシェルジュは毎日、「日報」をつけて、そこに記載された情報をみんなで共有しています。

どこにお客様をご案内したか。

どういうお問合わせがあったか。
どんなご要望があったか。
どんなご不満があったか。
コインロッカーや駐輪場、駐車場のご利用状況はどうか。
どなたが来店し、誰が対応したか。

そういった項目を設けて、件数や内容について、細かく記載しています。そうして月末に集計し、会社に設備の改善を求めたり、問合わせが多いのに取扱いのないブランドの導入を提案したりするときの根拠となるデータとして活用しています。

また、取扱いのないブランドが他店のどこにあるとか、お問合わせの多い周辺の店がどこにあるかなど、ご相談に応えるなかで知り得た情報はパソコンに入力し、いつでも参照できるようにしています。

とくに、お客様から初めてお問合わせのあった事柄については、わからないことがよくあります。たとえば、お探しのブランドが当店になく、どこで取扱っているのかを探すのに、時間がかかる場合もあります。そんなときも、お客様がご満足いただくまで調べます。そして情報として後でリストアップしておくのです。

そうすれば、同じお問合わせがあったときに、すぐに答えられます。

「一度目に聞かれてわからないのは仕方ないが二度目聞かれてもわからないのは恥ずかしい」

そんな気持ちで、記録による情報の蓄積を行っているのです。

【エピソードファイル❾ 駐輪場の設置】

以前、店の前に多くの自転車が停められていて、お客様から苦情が寄せられていました。

「通行のじゃまになる」

「自転車にふさがれて、ウィンドウが見えにくい」などなど。

私自身、白杖のお客様を店にご案内したとき、あまりにも自転車が多くて歩きにくく、非常に恥ずかしい思いをしたこともあります。

そこで、私たちコンシェルジュは二時間おきに、店の周囲に何台の自転車が停められているかを、調べることにしました。その記録をもとに、会社にこう提案しました。

「平日には六十台くらい、土日祝日には百台もの自転車が停められています。多くのお客様にご迷惑をおかけしているので、駐輪場をつくってください」

こういう数字を伴った記録があると、説得力が増します。

会社はすぐに、六十台くらいの自転車を停められる駐輪場を設置してくれました。

おかげで、歩行者に対する安全性が高まり、歩道の美観も良くなったと思います。

ソフト面のみならずハード面からも、お客様に対するホスピタリティの提供を実現する。それもコンシェルジュの重要な役割なのです。

守備範囲は半径二キロメートル

日本橋高島屋のコンシェルジュとして、店内のことをすべて把握しているのは当たり前。フロアや売場のことは頭に入っていますし、わからなくても迅速に対応できるノウハウは持っています。

あと、たとえばクレジットカード関連の情報など、時期や売場によって異なるためになかなか覚えられないものについては、リストを携帯して、それを見ながら適切にご案内できるようにしています。

しかし、守備範囲は店内に留まりません。日本橋のみならず丸の内や銀座、新橋辺りまで、道順＋αのご案内ができなければ十分とは言えないのです。

そう考え、〝七つ道具〟と言いますか、私は常に、近隣の地図をはじめ、三越さんや大丸さん、コレド日本橋さん、コレド室町さん、ユイトさんなどの他店のフロアガイドと催し案内を携帯しています。一方で、余裕のあるときに近隣を歩き回り、そこここで見つけた観光資料や英語のパンフレットなどもファイリングしています。

守備範囲は半径二キロメートルにもおよぶでしょうか。コンシェルジュは昔の街角のタバコ屋さんのようなもの。店舗のことだけではなく、周辺地域のことも熟知し、〝地域のよろず相談係〟として、お客様に情報を提供できなければならないのです。

進化する周辺地図

コンシェルジュになった当初、私たちがご用意していた地図は、店を中心にせいぜい半径一キロメートルほどの簡単なものでした。

けれども、お客様から近隣の施設、お店、レストランなどを尋ねられる件数が増えるにつれて、その地図に書き加えられる情報が増え、かつ日本橋から丸の内、銀座、新橋へと範囲も広がっていきました。とりわけ近年は、丸の内の再開発などが加わり、お客様にお渡しする周辺地図はどんどん進化しています。日本橋地区の再開発が終わる四、五年後には、さらに進化させていく予定です。

日本橋髙島屋の建物自体は国の重要文化財なので建てかえることはありませんが、再開発の工事中は特別食堂や美容室が本館に組み込まれたりしています。そういった街の変化と歩調を合わせて、私たちコンシェルジュの必要とされるサービスもどんどん進化させなければと、気持ちを引き締めています。

たとえば、道を聞かれたとき、言葉と身振りで行き方を示すことはできます。でも、すぐに地図を広げて、「どちらへお出かけですか？」「何をお探しですか？」などと話をしながらご説明すると、より詳細にご案内できます。

単に答えるだけではなく、少しでも会話をして、求めていることを引き出させれば、お客様の満足度は格段に上がりますし、私たちの情報の蓄積にもつながります。

日本橋周辺の街の変化を見るうえでも、大変興味深いものだと思いますので、以下平成十六年版と二十六年版の周辺地図を参考までに紹介しておきましょう。

日本橋地区の再開発が次々と進行中。そのうち街の様相も一変することでしょう。

身銭で食べ歩くこと五百軒以上！

道案内のなかでも多いのは、飲食店に関するお問合わせです。

単に「この辺においしいお店はありませんか？」と聞かれることがあっても、昔は近辺の情報が少なく髙島屋にあるレストランの案内だけで終わっていたようですが、それでは不親切です。たとえば、洋食をご所望の場合は、近くの「たいめいけん」さんをご紹介することもあります。

その際、場所や営業時間にプラスして、こんな情報も言い添えます。

「たいめいけんさんは昭和六年創業の洋食屋さんで、老舗中の老舗です。タンポポオムライス・伊丹十三風が有名で、ランチならだいたい二千円ほどでお召し上がりにな

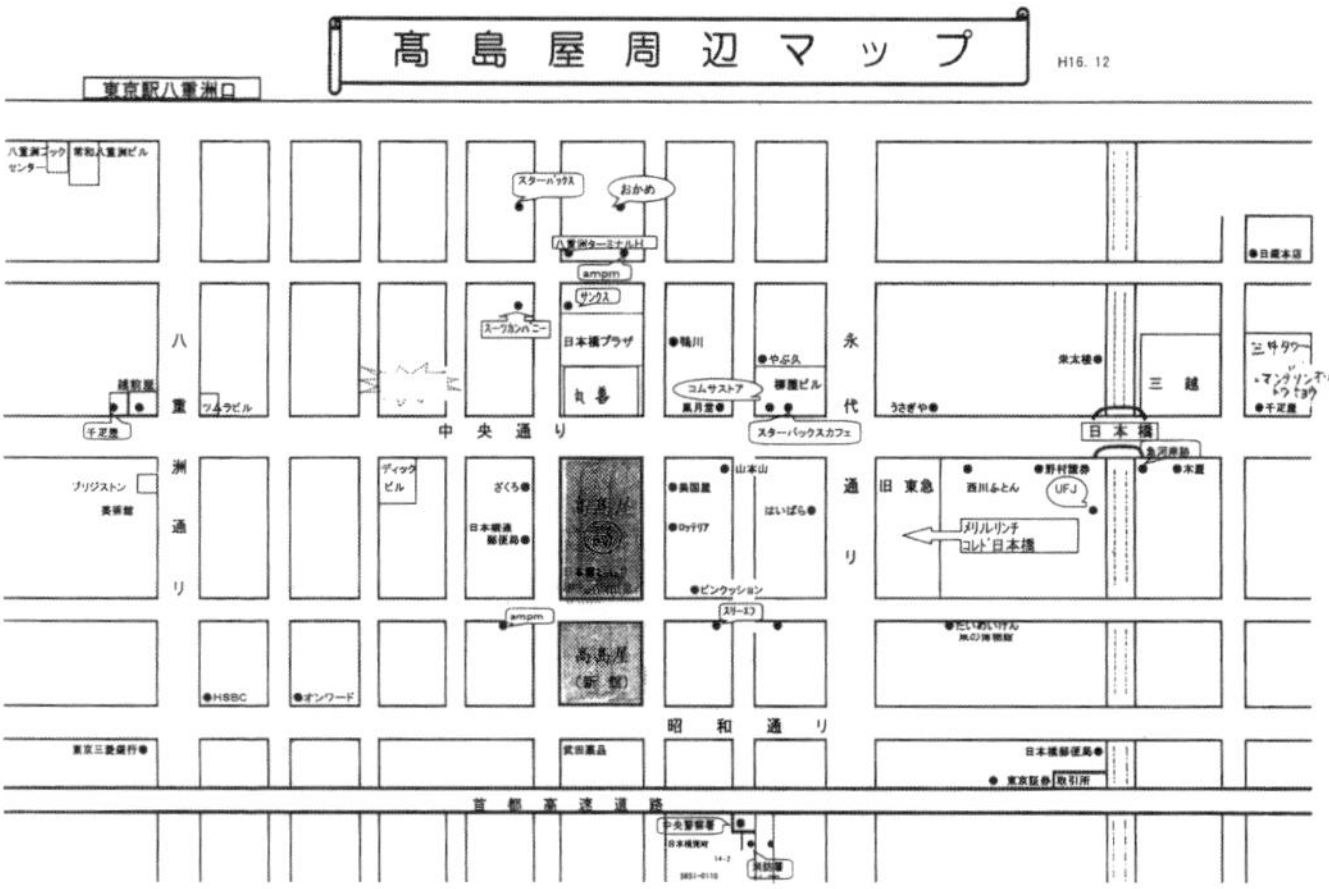
高島屋周辺マップ
H16. 12
東京駅八重洲口
八重洲通り
中央通り
永代通り
昭和通り
首都高速道路
スターバックス
おかめ
八重洲ターミナルH
ampm
サンクス
日本橋プラザ
丸善
鶴川
やぶ久
コムサストア
榛原ビル
スターバックスカフェ
うさぎや
日本橋
三越
千疋屋
ブリヂストン
美術館
ディックビル
ざくろ
日本橋郵便局
美国屋
山本山
はいばら
旧東急
西川ふとん
野村證券
UFJ
メリルリンチ
コレド日本橋
ピンクッション
HSBC
オンワード
東京三菱銀行
武田薬品
日本橋郵便局
東京証券取引所
中央警察署

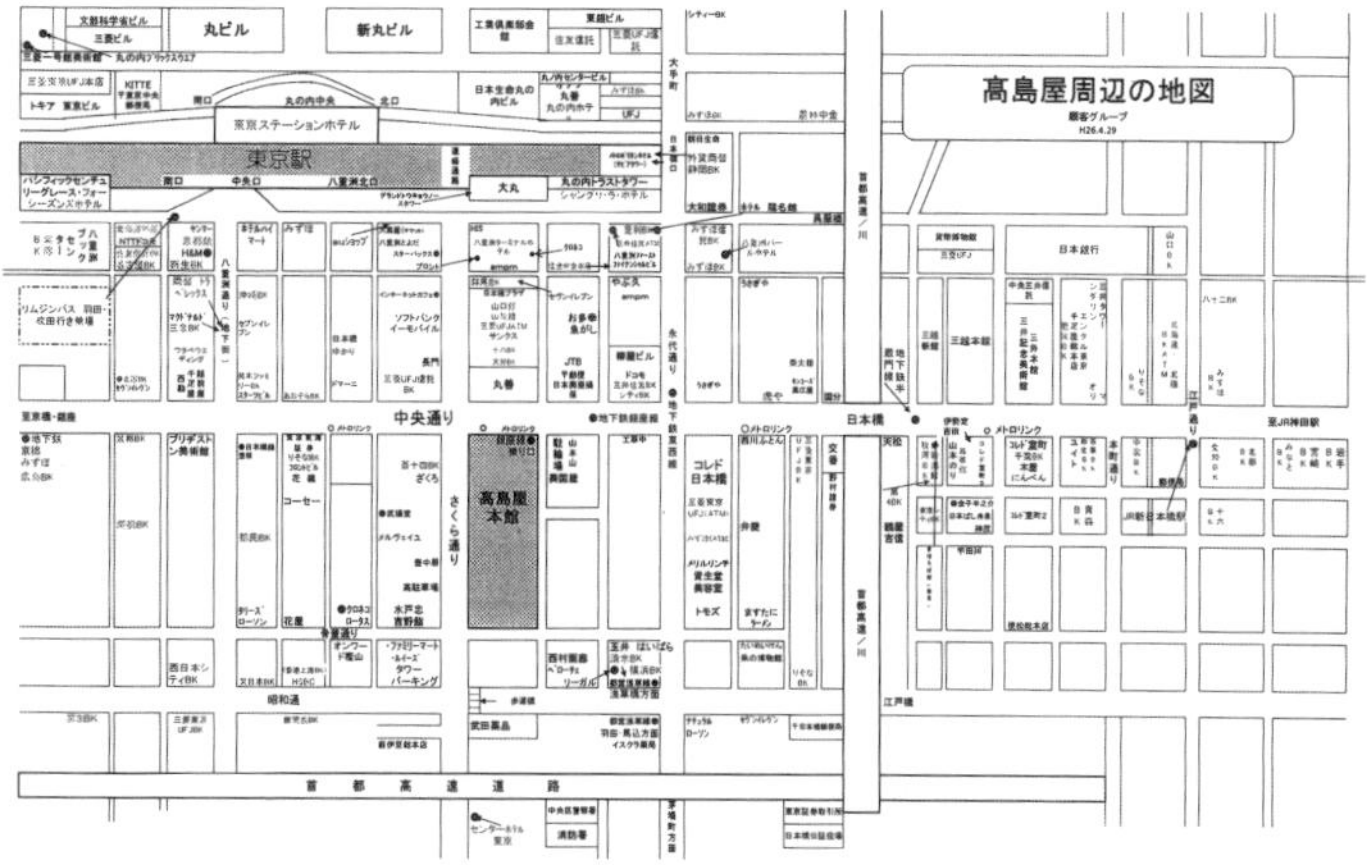
高島屋周辺の地図
顧客グループ
H26.4.29
丸ビル
新丸ビル
東京ステーションホテル
東京駅
大丸
丸の内トラストタワー
リムジンバス 羽田・成田行き乗場
八重洲通り
中央通り
さくら通り
高島屋本館
丸善
コレド日本橋
日本橋
昭和通
江戸橋
首都高速道路
首都高速／川
日本銀行
三越本館
ソフトバンク イーモバイル
JTB
ブリヂストン美術館
武田薬品
消防署
中央警察署

れます。あと、ボルシチやコールスローは、いまだに何十年の間、五十円なのですよ。もし、お時間がございましたら、レストランの五階に凧《たこ》の博物館がありますから、いかがですか？　とてもおもしろいですよ」

ここまでご説明できるのは、もちろん私自身も行ったことがあるからです。

コンシェルジュになって十四年、私はこんなふうに自身の経験に基づいて、お客様により詳しい情報を提供できるよう、昼食を兼ねて、あるいは会社帰りに、身銭で五百件以上食べ歩きをしてきました。会社は経費として計上してよいと言ってくれたのですが、自分の食事のためでもありますし、一顧客としての食事体験を大事にしたかったのです。

食べ歩きの優先順位としては、第一にお客様からお問い合わせのあったお店。テレビや雑誌で見て、行きたいと思ったお店を聞かれることがけっこう多いのです。初めて聞かれたときは、場所をお教えするくらいのことしかできませんが、同じお尋ねがあったときに備えて、後で必ず自分でも行くようにしています。

たとえば、テレビのグルメ番組でよく紹介される、天井一本勝負の「金子半之助」

さん。初めてお昼の十二時に〝視察〟に行ったときは、店の前に三十人くらい並んでいました。午後二時でも、同じような状況。並ぶ時間がなかったので、ほかの店で食事をしてから、お店に電話して、「夜は何時からですか？　値段はお昼と同じですか？」などと問い合わせました。

夜も値段は昼と同じということでしたので、五時ごろに行ってみると、このときは二、三人しか並んでいませんでした。一日に通うこと三度、ようやく天丼にありついたわけです。おかげで、いまはこんな説明ができます。

「三越さん辺りから、天ぷらのいいにおいがしてきますよ。スルガ銀行さんの裏にあります。大きなアナゴがのっていて、おいしいですよ。ただ、お昼はとても混み合います。いつも三十人くらい並んでいますから、お時間の余裕を見てくださいね。夕方五時前くらいが、比較的狙い目でしょう。夜もお値段は同じです」

また、この「金子半之助」さんと「めん徳二代目つじ田」さんがコラボした海鮮丼の「つじ半」さんというお店も、よくお問い合わせがありました。こちらは、髙島屋のごく近くにあります。

さっそく行ってみると、ここもやはり二十～三十人並んでいました。お店ではたとえば「途中まで食べると、鯛のあらダシ汁とごはんを追加してくれる」とか、いろいろ〝儀式〟のある楽しいお店です。ご案内するときは、もちろん、そんな話もさせていただいています。

さらに、以前「掻《か》き揚げ丼のおいしいところが日本橋にあると、テレビで見たのですが」と尋ねられたこともあります。これは調べるのに時間がかかりました。それもそのはず、日本橋ではなく新橋にある天ぷら屋さんだったのです。

すぐに出かけていって食べてみたところ、ものすごく大きな掻き揚げで、この私が残してしまうほどの量でした。次から、問合わせがあると、「お二人で一つの注文で十分ですよ」とお話ししました。残念ながら現在では、もう店じまいされていますが。

何だか天ぷら屋さんの話ばかりになってしまいましたが、お店の種類は実に多種多様です。お客様から聞かれたお店だけではなく、『日本橋』という小冊子に載っているお店とか、老舗を中心とする〝有名どころ〟、新しくできた評判のお店など、足繁く回っています。

こうして足と舌で集めた飲食店関係の情報は、住所や営業日、営業時間、おすすめメニュー、値段、混み具合などコンシェルジュが共有しています。おかげで、いまはたいていのお問合わせには、検索して一発で答えられるようになりました。

お食事後に、お客様から「さっきはありがとう」の言葉をいただくことも多く、案内冥利に尽きると、嬉しく思っています。

情報の引き出しをたくさん持つ

情報の引き出しはコンシェルジュにとって、ある種の命綱です。ここにどんな情報がどれだけ詰まっているかが、サービス&ホスピタリティの質を決めると言っても過言ではありません。

情報の分野を広げながら、各分野にできるだけ多くの情報を詰め込もうと、暇を見つけては街を歩いたり、多種多彩な人と知り合う機会を求めたり、テレビや雑誌から情報を集めたり。日々、努力を続けなければならないのです。

中央区の観光特派員に

二〇〇九年、中央区観光協会が観光検定試験をスタートさせました。江戸時代以来培われてきた歴史や文化・伝統、名所・旧跡、江戸っ子気質の残る下町情緒など、幅広い分野を学ぶことによって、中央区の魅力ある観光資源を再発見すること、またより多くの人々に〝中央区ファン〟になってもらうこと、区民の郷土に対する誇りを醸成することなどが大きな目的です。

また、この検定試験に合格した人のなかで成績上位者は一年間、「観光協会特派員」として、学んだ知識を生かして活動することを希望することができます。現在は、成績上位者の中の数十名が、本人の希望により観光特派員として登録しているようです。

近年はちょっとした〝観光検定ブーム〟。多くの地域で実施されるなかで、ついに中央区にも誕生しました。これは私にとって、願ってもないチャンスでした。

なにしろ、日本橋・京橋エリアだけではなく、銀座、築地・明石町、人形町・東日本橋、佃・月島・晴海エリアなど、中央区全体の知識に習熟できるのですから、コンシェルジュの仕事に大きなプラスになるではありませんか！

「よし、検定に挑戦しよう」

そう決意して、満点を取る意気ごみで勉強に取り組みました。百の問題が公式テキストから出題されるので、テキストを丸ごと暗記するくらいの勢いで。

しかし、暗記力の低下には目をおおうばかり。二回、三回と読み返しても、以前読んだ事がまったく記憶に残っていないのです。これを何十回繰り返したことか。結果、第一回観光検定試験で無事合格者に名を連ねることができ、希望して観光特派員に登録させていただきました。

ともあれ、私は以来ずっと、観光特派員として活動しています。こちらは完全なボランティア。中央区内の街歩きなどの各種イベントに参加しています。

この活動がコンシェルジュの仕事にどれほど役立っているか。道案内ひとつとっても、単に道順をお教えするだけではなく、場合によっては近くの名所・旧跡をご案内したり、目的の場所の背景にある歴史や祭などの行事をご説明したりして、お喜びいただいています。

それに、ボランティアで街歩きするなかで、私自身もホットな情報を見聞きする機会も増えました。それも情報の引き出しになっています。

人を通じて情報ネットワークを広げる

前述したように、私はコンシェルジュになってすぐ、レ・クレドールジャパンの法人会員になり、コンシェルジュの輪を広げていきました。

その後も、二〇〇五年には日本小売業協会・生活者委員会で「パーソナル・マーケティング」について発表する機会を得て、委員に就任させていただきました。

本協会は一九七八年に、小売業の健全な発展を目指し、国民生活に寄与することを目的に設立されました。

ここでの活動を通じて、百貨店、スーパー、コンビニエンスストアー、専門店など広い意味での同業者の方々や薬品関連、ＩＴ関連など異業種の方々ともたくさん、知り合うことができました。これも貴重な人脈です。

加えて、キャリアを重ねるにつれて、多種多彩な業界の研究機関や会社で講演させていただく機会も増えました。自然と異業種交流も広がり、知り合いになった方々の知識・経験・知恵をお借りする幸運に浴しています。

人はどこでつながるかわからない

そうして知り合いになった方が増えるにつれて思うのは、「人はどこでつながるかわからない」ということです。

たとえば、初めて参加したレ・クレドールジャパンの勉強会が開催された長崎のハウステンボスの会場で、右も左もわからない私を手助けしてくれた方がいます。その彼女は当時、品川のホテルのコンシェルジュでしたので、お客様のご案内ができるように毎月、髙島屋のあたらしい情報を送り続けました。

しかし、しばらくしてカナダに転勤になり、「情報の案内状はもういいですよ」という連絡がありましたので郵送を中止していました。

ところが、偶然にも再会したのです。

それは数年前のこと。丸の内に新しいホテルができ、髙島屋はそこのご宿泊客のお買物のアテンドをするという契約を交わしました。お買物されたものをホテルにお届けするとか、英語・中国語で接客をするといった内容です。

それで、私も挨拶にうかがったところ、旧知のその方がチーフコンシェルジュとして出てきたのです。お互い、驚いたの何の……！

「えっ、どうしてここに？」

と同時に声を上げたくらいです。数年ぶりの再会が、こういう形で果たされようとは予想もしていませんでした。これを機にまた毎月髙島屋の新しい情報を送るようにしたのです。

またホテルと髙島屋の連携強化につなげることもできました。

また、私は月に二回、「日本橋髙島屋　重要文化財ツアー」（１２０ページ参照）というのを実施している関係で、二〇一三年に国の重要文化財に指定された旧前田家本邸を見学に行きました。ここは前田利家の子孫が住んでいた邸宅で、その設計者は髙島屋と同じ高橋貞太郎氏。「これは見に行かないわけにはいかない」と出かけていったのです。

実はご縁がもう一つあって、前田家のご子孫の女性と私はニューヨークでともに働いていました。旧前田家本邸の古い写真に幼いころの彼女を見つけた私は、思わず名前をつぶやいてしまいました。

それで、バトラー（執事）のような方が驚いて、「どうして彼女をご存じなのですか？」という話になり、場が盛り上がりました。

そんなこともあったおかげで、つい最近、同じ日に旧前田家本邸を見学された方が、今度は私の〝重要文化財ツアー〟に足を向けてくださいました。こういう小さな出会いが、わずかながらでも髙島屋ファンを増やすことに貢献できるのではないか。そう思うと、人の輪のありがたさに胸がいっぱいになります。

行動範囲が広がれば、その分だけ多くの人とつながることができる。それを喜びとして、私はできるだけ各種団体の会合や、好奇心がうごめく催しなどに、積極的に出かけるようにしています。

【エピソードファイル⑩ 恐るべし、コンシェルジュ・ネットワーク】

あるとき、箱根・強羅にある高級旅館の女将《おかみ》さんから電話がかかってきました。

「香港からみえたうちのお客様が、これから東京でお買物をしたいとおっしゃっているのですが、敷田さん、ご案内いただけますか?」

私は彼女と面識はないのですが、どうやら知り合いのホテル・コンシェルジュに相談したところ、「髙島屋に敷田というコンシェルジュがいるから、彼を訪ねるといい」と言われたようです。

もちろん、私は快諾。ご案内させていただきました。

とくに外資系のホテルからは、この種の外国人宿泊客のお買物をサポートして欲しいという依頼が数多く舞い込みます。

これも、私が長年、日本コンシェルジュ協会の活動をしてきたおかげ。業種の枠を超えたコンシェルジュ・ネットワークがあるからこそ、お客様を共有する形で幅広いサービス&ホスピタリティを実現できるのです。

お客様の紹介だけではなく、「わからないことが生じたら、その分野の専門家に助けを求める」というようなことも日常的に行われています。

恐るべし、コンシェルジュ・ネットワーク! それぞれが持つ専門知識や技能、情報はこのネットワークのなかで好循環をつくっています。

常に二つの自分を磨く

「いつも、人から。」

これは、髙島屋の経営理念。接客の基本は「人」にあるということです。

では、この理念を実践するためには、どうすればいいか。

それは、常にジェネラリストとスペシャリストという二つの自分を磨いて、自分にしかできないサービスを身につけることだと、私は考えています。部下にもそのように指導しています。

ジェネラリストとは、どんな事態にも対応できる、幅広い知識を備えた人物を意味します。たとえば、豊富な人脈や情報を活用して、どのような問合わせにもきちんと応えられる。これは、ジェネラリストとしての到達点の一つでしょう。

コンシェルジュにとってそれは「情報の引き出しをたくさん持つ」こと。これまで述べてきたように、私は暇を見ては街を歩き、いろんな人との出会いを求めて行動してきましたが、それもジェネラリストとしての自分を磨くためなのです。

一方、スペシャリストとは特定の領域において、誰にも負けないほどの専門知識とスキルを持っている人物です。ソムリエやシューフィッターなどはその代表と言えるでしょう。

このスペシャリストの部分では、私はずっと昔から欠かさず英会話の勉強を続けています。私の強みは、ニューヨーク滞在を経験したおかげで未熟ですが日常生活の英語、これを武器に、海外からのお客様に不自由を感じさせないようにしたいと、がんばっています。外国からのお客様に対して語学のスペシャリストになりたいとの願望があり、加えて最近は、中国語と韓国語の勉強もしています。会社の近くの語学学校に通って個人レッスンをしてもらいましたし、通勤電車のなかではスマートフォンで教材のテープを聞いています。

こういった語学の勉強は、いつになったら使い物になるのかわかりませんが、スペシャリストとしての資質を伸ばすための自己投資。けっこうなお金がかかりますが、もったいないと思ったことはありません。

こうしてジェネラリストとスペシャリストの両方の資質を伸ばすのは、少し大変かもしれません。でも、だからこそやりがいがあるのです。

その原動力となるのは「好奇心」です。

私は講演会などでお話をさせていただくとき、最後に必ずこの好奇心について触れています。たとえば、こんなふう。

「自分にはないものを欲しいなと思う。あるいは、自分の知らないことを知りたいなと思う。それが好奇心です。その好奇心がなければ、人は進歩しません。

ですから、自分をジェネラリストとして、またスペシャリストとして成長させたい気持ちがあるのなら、いまの自分にはないもの、未知なもの、未熟なものは何かを見つめ、それを身につけたいと思う好奇心をバネにして、自己啓発に努めなければいけません。

『SLOW　BUT　STEADY』――ゆっくりでいい、でも確実に進歩していくよう、自己啓発に取り組んでください。そうすれば、あなたは必ずやジェネラリストとスペシャリストの両方の資質を自分のものにし、誇りをもって仕事に取り組むことができます。ぜひ、二つの自分を磨いてください」

この好奇心は私にとって、終生の課題として共に歩んでいくことでしょう。

コラム——日本橋髙島屋重要文化財ツアー体験記

千葉潤子

日本橋髙島屋では、二〇〇九年に百貨店建築初の国の重要文化財の指定を受けました。これを機に始まったのが、敷田正法さんをはじめコンシェルジュが案内する「日本橋髙島屋重要文化財ツアー」。毎月第二金曜日の十一時と十五時の二回行われています。

これまで約四千名の方が参加されたというこの〝名物イベント〟の、三月十四日・午前の回を予約・参加してきました。その様子をレポートします。

集合場所はコンシェルジュデスク周辺。予約した方々がほぼ顔を揃えたところで、敷田氏はにこやかな笑みを浮かべながら、催し案内や『Since1933

column

Takashimaya Nihombashi,Tokyo　重要文化財日本橋髙島屋』『おかげにて一八〇』『東京都文化財ウィーク　八重洲を歩いてみませんか』などの冊子、ポストカードなどがワンセットになったものを配布しました。

「資料に同封した絵葉書は、日本橋髙島屋が一九三三年（昭和八年）にオープンしたときにお客様に差し上げたポストカードを復刻したものです。当時、呉服部の顧問をしていた与謝野晶子の歌が添えられています。

髙島屋光る都の面積を加へたるかな楼を重ねて

まず外に出て、正面側から建物を見ていきましょう」

この時点で「何事か」と興味を持ったお客様が二名、飛び入りで参加。総勢十名ほどの一団が正面玄関に移動し、こんな説明が展開しました。

「髙島屋は一八三一年（天保二年）、京都に誕生しました。東京に進出したのは一九〇〇年（明治三十三年）。京橋区西紺屋町（現中央区銀座）に二階建ての店舗を開店しました。その後順調な商売のため店舗が手狭になり、一九一六年（大正五年）に同じ京橋区南伝馬町（現中央区京橋）に三階建ての店舗を開店したの

ですが。しかしこの店が一九二三年（大正十二年）の関東大震災で崩落してしまいました。
それからしばらくは近くで仮営業しながら、日本橋への出店を模索していたのですね。後に三代目社長となる飯田直次郎の尽力により、当初は日本生命館という八階建ての建物の大部分を髙島屋が売場として使用する日本橋店が一九三三年（昭和八年）に開店しました。
建築に当たってはコンペが行われました。そこで一等当選を果たし、採用されたのが、『東洋趣味ヲ基調トスル現代建築』をコンセ

column

プトに、西洋の歴史様式に日本建築の要素を随所に取り入れた高橋貞太郎氏の図案です。彼は旧前田家本邸や学士会館、川奈ホテル、上高地帝国ホテルなどの設計を手がけたことでも知られています。大林組さんの施工で完成したこの建物の正面玄関口のここは寺院建築のようでしょう？　柱の上部で天井を支えているようなヒジキと、そこにある雷紋やアカンサス、釘隠しにあしらわれた花菱の模様、漆喰《しっくい》の格天井などに、和風の情趣が生かされています。

洋風という部分では、建物内部の地下から一階に続く大階段、アメリカから輸入されたオーティス社のエレベーターなどがそうですね。このエレベーターはいまも当時のまま、係が同乗し手動で操作し、お客様を各階にご案内しています。これは鉄扉。とても重厚な趣です。ドアノックが付いていて、和洋折衷のレリーフが施されています。この鉄扉が、一九四五年（昭和二十年）の戦災から建物を守ってくれたのですよ。

次に、こちらはかつての水飲み場の跡です。蓮の花弁をモチーフにした、アーチ型になっています。昭和八年の創建当時、前の丸善さんの裏にあった城東小学校に通っていたというお客様が『市電の通りを横切って、ここでよく水を飲みました』なんて話をしてくださいました。

現在の建物は、一九五二年（昭和二十七年）以降、四回にわたって増築が行われていて、そのすべてが二〇〇九年（平成二十一年）六月三〇日に重要文化財の指定を受けました。高橋貞太郎氏の意匠を継承しながら、増築を手がけたのは、百貨店建築にも多く携わった村野藤吾氏です」

ここで、一同は通りを渡り、丸善側から建物を眺めることに。敷田さんの説明はさらに続きます。

「正面からみる建物は創建時と同じですが、テントのあるところには、昔はランプが取り付けられていました。ランプは正面の柱にもあって、その痕跡が見られます。

外観を見てください。左右対称のルネッサンス様式になっていて、最上部にはアーチ型の窓があります。日本で初めて全館冷暖房装置を備えた百貨店というこ

column

とても話題を呼びました。『東京で暑いところ、髙島屋を出たところ』という宣伝コピーが一世を風靡《ふうび》したそうです。

あそこに髙島屋の社名をデザインした旗が見えますね？　あれは表からも裏からも同じに見えるのです。『おもてなし』にもつながるマークなのですね。

あと、一九五〇年（昭和二十五年）から四年間、屋上で象の高子を飼育していたのですよ。タイから下関、汐留を経由してやってきました。ただ、小象といっても百六十センチ・五百キロの巨漢ですから、エレベーターにのせるのはムリだし、階段も使えなくて、オリに入れたまま、地上から屋上までクレーンで上げられたそうです。芸をしたり、子どもたちを背中にのせたり、大変な人気でした。高子はその後、千五百キロとさらに巨体になり、上野動物園さんに寄贈されました」

ツアーが始まって十五分そこそこで、もう「へぇ！」の連発。何度も来ていた百貨店なのに、知らないことばかりで、誰もが興味津々で敷田さんの話に耳を傾けました。

「次は南側のほうに回りましょう」の言葉を合図に、一同は建物を右に迂回。ふだんはあまり注意して見ることのない外壁を見上げました。

「増築部分の二階から六階にかけて、カーテンウォールのガラスブロックになっています。創建時とはまた違ったモダンな味わいでしょう？　自然光で商品が見られるという利点もあります。上層部の窓は創建時部分と同じくアーチ型の窓を配し、建物としての連続性が保たれています。

あそこ、五階のバルコニーのところに、ヘビのような塑像がありますね？　屋外彫刻のパイオニアと言われる笠置季男氏の作品です。

重要文化財に指定されるためには、意匠的に優秀なもの、技術的に優秀なもの、歴史的価値の高いもの、学術的な価値の高いもの、地方的特色において顕著なもの、という五つの条件の内の一つに該当し、かつ各時代または類型の典型となるもの、という条件をクリアしなければなりません。高島屋の建物は意匠的に優れ、昭和初期の建物を象徴するものであることが評価されたのでしょう。

ついでに言い添えておくと、建物にはおよそ十八万五千個のタイルが使われていますが、東日本大震災後に崩落の危険に備えて調査したところ、張替えが必要なものはわずか一％だったといいます。とても頑丈なのですね」

それから、一同は「増築のプロセスがよくわかる」という裏手に回って、再び店内へ。二階に上がり、大理石の柱が並ぶ広い吹き抜けの空間を眺めました。こ

column

こは東京大空襲のとき、約五百人が避難し、バケツリレーで建物を火災から守ったそうです。

「昔は天井から三台の豪華なシャンデリアが下がっていましたが、戦時中にエレベーターの籠《かご》や真鍮《しんちゅう》製の欄干などとともに供出されました。いまは、村野藤吾氏がデザインしたシンプルな照明になっていて、東日本大震災後には電力不足から、ライトがLEDに切り換えられています」

次に向かったのはエレベーターホール。茶の木目の大理石が美しい。イタリアから直輸入したもので、木の柱に見えるよう選ばれたのだといいます。

ここだけではなく、大理石は店内の随所に見られる。敷田さんの「ほら、ここには大きなアンモナイトの化石がありますね。こちらはベレムナイトというイカの祖先の化石がありますよ」という言葉にうなずきながら、「あ、ここにもあった。ここにも」などと叫び、しばし〝化石探し〟を楽しんだのでした。

その後、エレベーターで一気に屋上へ。ホールは入口と同様、お寺の回廊のよう。いまでは珍しい板ガラスに目を奪われます。

「ここ屋上には、フラワーガーデン、噴水、七福殿、会員制のドッグパークなどがあります。あと、百貨店で初めて屋上に設置されたという六十台を収容できる駐車場もあります。

向こうの塔屋、何に見えますか？　象の形をしていますよね。先ほどお話しした象の高子への思いを表現しているんです。

少し前まではスカイツリーも見えたのですが、いまは建設中のビルに遮《さえぎ》られてしまいました。日本橋地区は現在、再開発の真っただ中。二〇一八年頃には新しく生まれ変わり、ここからの風景も大きく様変わりすることでしょう」

これにて、敷田さんのガイドによる重文ツアーはおしまい。最後に、髙島屋の建物をデザインしたバッジが配られました。そして、「お帰りの際は、ぜひ一階南側のエレベーターを見てくださいね。東郷青児の絵が描かれています」の言葉で締めくくられました。

約一時間の重文ツアーは楽しくて、あっという間に時間が過ぎた感じ。たしかに髙島屋は一世紀近くの時を経てなお厳然とした光を放つ、日本橋のランドマークだという認識を新たにしました。

第4章

お客様は王様です

お客様がコンシェルジュを育ててくれる

お客様を思う心を大切に

日本ではよく、「お客様は神様です」という言い方をします。

しかし、英語では「The Customer is King」、つまり、「お客様は王様です」というふうに表現します。

どちらでもいいと言えばそうですが、私は「王様」のほうがしっくりきます。というのも、神様は自分のために何かをして欲しいと求めることはないからです。

一方、王様はというと、悪く言えば気まぐれ。そのときの自分の状況や気分に応じて、さまざまなことを求めます。そして、王様に奉仕をする人たちはその要望がどんなものであれ、満足のいくように対応しなければなりません。

何もお客様が気まぐれだと言いたいのではなく、接客するときは王様に仕えるのと同じように、「すべて、仰せのままに」という気持ちでいなければいけない。その意味で、「お客様は王様です」という表現がぴったりだと思うのです。

だから、私は「お客様はいつだって正しい。決して間違わない」——言い換えれば、お客様が第一だと考え、あらゆるご要望にご満足いただける対応を心がけています。

前に述べたように、いまは「人」がとても重要な意味を持つ時代です。お客様をご案内する私たち一人ひとりが個々のお客様を思う気持ちを持っていなければ、どんなに優れた商品を豊富に揃えても、その価値を認めてもらえません。

お客様がコンシェルジュを育ててくれる

仕事の知識やスキルというのは、難題に挑戦・クリアすることで磨かれていくものです。

コンシェルジュという仕事も同じです。お客様の求めるレベルが上がれば上がるほど、コンシェルジュの仕事の質は高くなるし、お客様のご要望があって初めて自分に足りないものに気づく場合もあります。つまり、

「お客様は私たちを育ててくれる大事なアドバイザー」

でもあるのです。私はそう思って、

「常に、お客様のために自分ができる最大限のことをし続ける」

「もし、これまで以上のサービスを求めるお客様がいらっしゃったら、求められるレベルに到達できるよう、さらに考えて行動する」

ということを課題に、日々仕事に励んでいます。

あと一つ、つけ加えると、お客様が情報マンになってくださることもあります。たとえば、浦安からしょっちゅうご来店くださるお客様がそう。とても粋な老紳士で、健康のためにと銀座八丁目辺りから日本橋まで歩く道すがら、見聞きしたことをいろいろ教えてくださるのです。

最初はたしか、第一生命でもらったサラリーマン川柳の冊子を「敷田さん、こんなのがあったよ」と持ってこられたのだったと記憶しています。以来、「今日は松坂屋でこんな催しをやってたよ」とその様子を教えてくださったり。私はいつもコンシェルジュデスクにお招きして、彼の話に耳を傾けています。「もうすぐ、うちでもこんな文化催しがありますから、ぜひ見にいらしてくださいね」なんて話もしながら。

コンシェルジュにとって情報は、何よりも大切なもの。より多くのお客様と交流することで、より多くの情報を仕入れることが可能になります。その意味でも、お客様に育てられていることを実感しています。

やってはいけないことの線引きが必要

お客様のご要望には何でも応える。これはコンシェルジュとして揺るぎない信念ですが、何事にも〝例外〟があるように、応えてはいけないことが二つだけあります。それは「コンプライアンスに違反する」行為と、「明らかにこちらに非がないのに、何らかの便宜を図る」行為です。

前者については、言うまでもなく法律が基準になります。

たとえば、商品の配送を依頼されたとき、よく「手紙を同封したい」というご要望があります。これは受けてはいけません。郵便法で「私信を入れてはいけない」と定められているからです。

「いちいち梱包を解《ほど》いてチェックしないのだから、バレっこないし、大目に見てもいいんじゃないの?」と思うかもしれませんが、バレる・バレないの問題ではありません。

サラリーマン川柳に「よくやった　時代が変わった　なぜやった」というのがあるように、法律や世の中のルールというのは変化するもの。「前は何の問題にもならないどころか、褒められたくらいのことでも、法律が変われば罰せられる」、そんなことはけっこうあります。

そこを真摯に受け止め、コンプライアンスに関しては現況に合わせて「ならぬものはならぬ」と毅然《きぜん》とした対応をとらなければいけないのです。

また後者については、コンシェルジュは「クリーンハンド原則」に従って、たとえその要求がグレーハンドであっても対応することを前提としていますが、明らかにダーティハンドだと認められる場合は受けてはいけません。

そのダーティハンドの典型は、「金品の要求」です。お客様のご要望には、それが「ちょっと違うんじゃない?」と思うことでも、きちんと耳を傾けます。でも、金品の要求があったら、即座に「うちでは対応できません」とお断りするのが筋です。

よくありがちなのは、あまりに執拗に、あるいは脅しまがいの態度で要求されたために、「今回だけですよ」と応じてしまうこと。この「今回だけ」は絶対にやってはならないことです。

これはコンプライアンスにもつながるもの。一度でも「今回だけですよ」をやってしまうと、しだいにルールのタガがはずれてゆき、「今回だけ」が増えていってしまうのです。

しかも、特定のお客様に「今回だけ」を適用すると、お客様を差別することにもなります。〝ゴネ得〟と言われるような状況をつくってしまうのです。

もちろん、明らかにこちらに非があれば、お客様に誠心誠意謝罪します。私も以前、外商のお客様のご依頼でお届けした商品に不備があったという連絡をいただいた後、すぐに飛行機で北海道まで商品を持ってお詫びに行ったことがあります。できる限りの誠意を尽くすのは当然のことだと思ったからです。

もっとも、お客様のご要望をどこまでうかがったらいいか、その線引きには非常に難しいものがあります。

日ごろから、さまざまなケーススタディをしながら、線引きのルールを徹底させることが必要です。

【エピソードファイル⓫　商品試験室の判断に則って】

お客様のご要望をお断りした例を一つ。

それは、「髙島屋で購入したショルダーバッグのベルト部分のスベリ止めがきつすぎて、背広の肩の部分がボソボソになってしまった。ショルダーバッグを返品するか、背広を修理するか対応して欲しい」というものでした。

お話をうかがいながら、私はそのやりとりを逐一メモにしました。そのうえで、判断を商品試験室に委《ゆだ》ねました。

検査の結果わかったのは、「ショルダーバッグに付いているベルト部分のスベリ止めはごく一般的なもので、対洋服の摩耗率も高くはない」ということでした。つまり、欠陥商品ではないということは明らか。当方に販売責任はありませんし、傷んだ背広を修理する必要もありません。それで、お断りさせていただきました。

でも、お客様は納得されず、消費者センターに訴えられました。消費者センターは当然、当方に問い合わせをします。このとき、私はメモをもとにお客様とのやりとりを伝え、合わせてそれが消費者センターと同じレベルで試験をしている当社の商品試験室の判断であることを説明しました。

このとき、消費者センターの方は「今回だけ、返品または修理に応じることができますか」と言ったのですが、それもお断りしました。それが当社のコンプライアンスに則《のっと》った判断だからです。

実際問題、このような商品に関するクレーム対応は、線引きが非常に難しい対応の一つです。たとえば輸入のネクタイは色が鮮やかできれいだけれど、色落ちしやすいとの使用上の注意が、ちゃんと表示されています。

お客様はそれを納得して購入されるのですが、後になって「もらったネクタイだから、そんなことは知らなかった」とか「販売員が説明しなかった」「もっと目立つように表示をしなければ気づかない」といったクレームがよくあるのです。

販売員としては非常に不利な立場ですが、そうならないように商品の使用上の注意については表示を明確にし、販売員が必ず説明するような配慮が必要です。そこをきちんとしておかなければ、線引きがより難しくなることを言い添えておきましょう。

対応が難しいエレベーター

私が常々対応の難しさを実感しているのは、たとえば、物産展などで「先着○名様」と銘打つ人気の商品が出るような場合です。

大勢のお客様が来店し、先を争って売場に向かわれますが、エレベーターを使うと先着の順番が逆になってしまうことがままあります。先に来ている方が一番にエレベーターに乗ると、降りるときは一番最後になってしまいますから。そのために目的の商品を入手できなかったとなると、お客様は納得できないでしょう。

当店でも、「おすしの名店のご主人が十席限りで握りを供する」という目玉企画を催したとき、〝エレベーター事件〟が発生しました。

地方から二人でご来店され、開店前から待っていらしたお客様が、一番乗りでエレベーターに乗ったために、限定の十席に間に合わなかったのです。お二人は、

「朝から並んで、一番にエレベーターに乗り込んだのに、後から来た人が食べられて、自分たちは食べられないなんて理不尽だ。どうしてくれるんだ」

と大変なお怒りようでした。

私はお二人の様子をこの目で見ていて、お怒りもごもっともと心を傷めました。でも、だからといって十二席つくることもできません。

どう対応するべきかと考えに考えた末に、食料品部長に頼んでおすしの名店のご主人に色紙にサインをしていただくことにしました。お二人はその色紙を喜び、何とか怒りの矛先を収めてくださいました。

ただ、お客様によっては「色紙なんていらないよ」という方もいらっしゃるでしょう。エレベーターは本当に対応が難しいのです。

そういったクレームが出ないよう、限定品が出るときはできるだけ整理券を出したり、別に列をつくって並んでいただくなど、催しを仕切る宣伝部がご対応させていただいていますが、私たちコンシェルジュもその種のクレームが起きてしまったときのことを想定して、熟慮を重ねています。

クレームはウェルカム

線引きの問題はさておき、クレームは基本的にウェルカムです。

なぜなら、クレームを受けたことによって、サービス&ホスピタリティを提供する私たちが自らの足らざるに気づき、業務や商品の改善に結びつけることができるからです。

その意味で、一番怖いのは、不満があっても何も言わず、「こんな店で二度と買い物をしない」という形で表明されることです。

お客様を黙って帰らせてはいけない

ある専門家の方が調査した統計によると、過去一年間に購入した商品・サービスに満足した人は六〇%。残りの四〇%は何らかの不満のあった人で、内四〇%がその不満を申し立て、六〇%は「言わない」で帰った人たちだったといいます。

さらに、不満を言った人たちのリピート率を見ると、迅速に対応した場合は八二%、対応に時間がかかった場合は五〇%、対応にも不満が残った場合は〇%となっています。また、不満を言わずに帰った人たちのリピート率は一〇%に過ぎません。

クレームとリピート率の関係

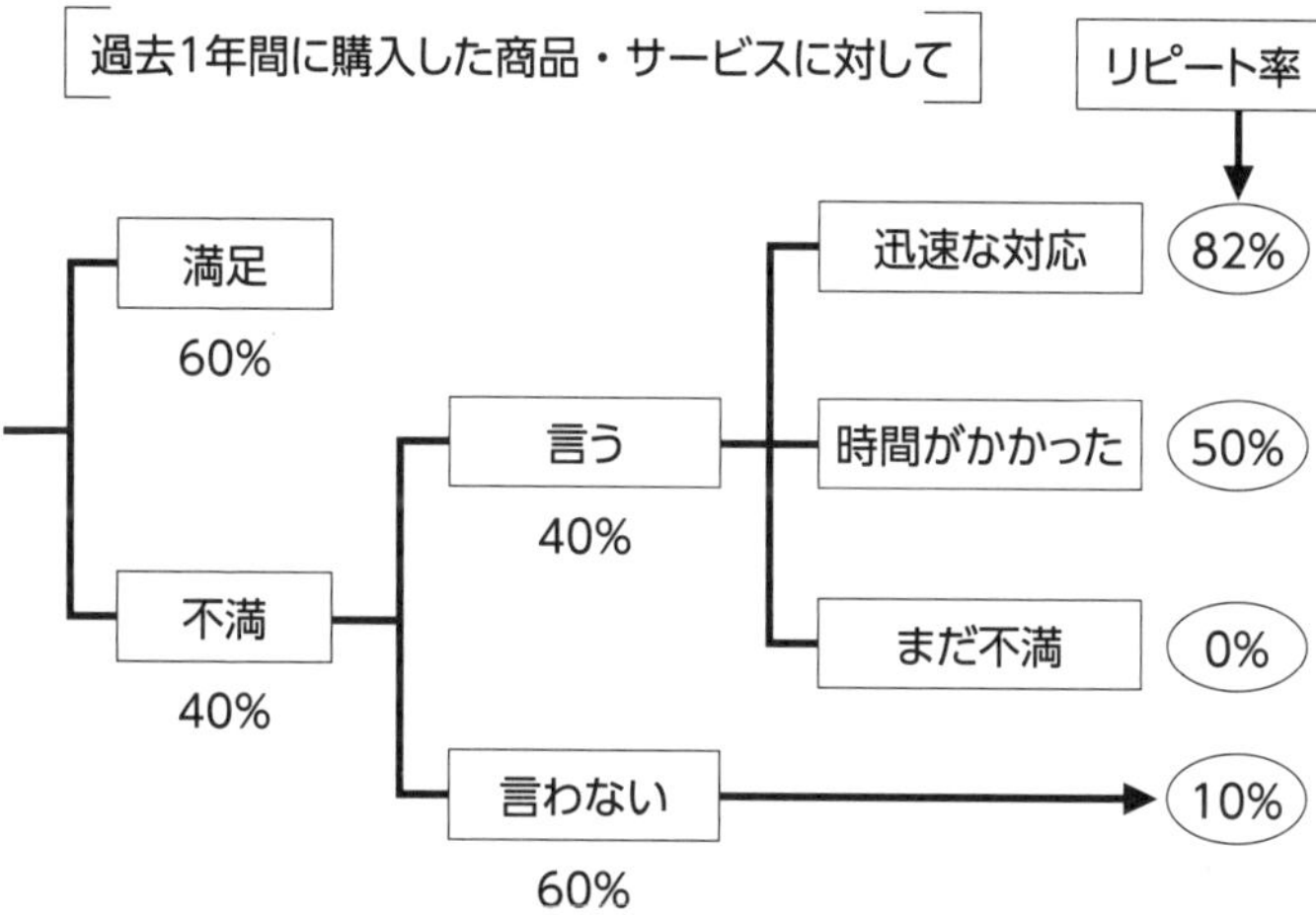

この数字から何が読み取れるか。

一つは、クレームがあっても、迅速に対応すれば、ほとんどの人がまた来てくださるということ。対応がいかに大切かがわかります。

あと見逃してはいけないのは、不満を申し立てない、いわゆるサイレント・カスタマーが意外と多いことです。謙虚を美徳とする日本人には、このデータよりもっと多いことが推察されます。

つまり、クレームがないからといって、決して安心はできない。サイレント・カスタマーのリピート率が低いこ

とを考えると、

「お客様を黙って帰らせず、不満は可能な限りすくい上げて、迅速に対応する」

ことが非常に大切だということです。

正面玄関口でお見送りをしているときは、いつもお客様の仕草や目線に注意しています。何かをおっしゃりたいお客様かを見分けることが大切なのです。

そこでお客様にお声かけをして、何がおっしゃりたいのかを聞きだすのです。立ちどまって話をされ始めたらこちらのものです。すぐに真摯におうかがいし、解決策を見い出すのです。後述のクレーム対応の要諦でくわしくご説明しましょう。

クレームを受けるのは気が重いものです。誰しも、「できれば、クレームから逃れたい」と思うでしょう。

考え方として大事なのは、サービス&ホスピタリティをより高度に進化させて、リピーターとなってくださるお客様を増やしていくことなのです。

「お客様は外部の従業員（External Employee）」

という視点です。

自分たちの仕事の良し悪《あ》しは、なかにいる従業員ではなかなか客観的に判断することができません。というより、従業員が良いと思ってしていることでも、お客様が不快・不満を感じるのであれば、その仕事は悪いと受け止めなければなりません。

お客様こそが、サービス&ホスピタリティを判断できる唯一の従業員なのです。

クレーム対応の要諦

クレームの対応では、まずお客様のお感じになったこと、おっしゃりたいことを、ひたすらうかがうことが大切です。

その際、軽く一歩前に出て、「どういったお話でしょうか」と、お客様の目を見ながら積極的にうかがう姿勢をとります。やりとりでは、合間に「そうですか」という言葉をはさむとよいでしょう。

クレームの内容によってはお受けできかねる場合もありますから、「そうですね」と同意してはいけません。また、話の途中で「しかし、私どもとしてはですね」などと反論してもいけません。

第三者的立場でお話をお聞きすることがポイントになります。

もう一つ大事なのは、必ずメモをとることです。ただ聞いているだけだと、どうしてもお客様は同じことを繰り返しがち。その場合にメモがあれば、「あ、お客様、そのお話は先ほどおうかがいした内容でございますが」と言うことができます。

そうして一とおりのお話をお聞きしたところで、メモを見ながら、内容を確認します。たとえば、「お客様がおっしゃることは、一つは通路が汚いということ、あとは販売員の態度が悪いということと、商品が良くないということですね」というふうに。

そのうえで、「では、一つ目についてはこのようにご対応させていただきます。販売員の態度に関しては、担当のマネージャーをお呼びしましょう。商品は売場にご一緒しますので、責任者とお話ししましょう」といった具合に、お話の内容をしっかり分析し、個々の対応を丁寧にご説明いたしましょう。

メモをとることで、〝聞き漏らし〟がなくなりますし、お客様にも真剣に耳を傾けようとするこちらの姿勢が伝わります。こういう形でご対応すれば、だいたいはご納得いただけます。ただ「申し訳ございません」を繰り返すのは、対応とは言えないのです。

私の経験では、クレームをきっかけに逆に親しくなり、そのお客様がリピーターになってくださる率はかなり高いように思います。

もちろん、クレームはないに越したことはありません。でも、クレームが生じることと自体よりも、クレームを吸い上げられないこと、きちんと対応できないことのほうがよほどリスクは大きいのです。

「クレーム転じてリピーターの獲得となす」の心意気で、対応に取り組むことが一番大事なのです。

【エピソードファイル⑫ クッション言葉】

閉店時間二十時の十分前くらいに、ワンちゃんを遊ばせたいと屋上のドッグパークに行ったお客様がいらっしゃいました。その方は「閉店間際に申し訳ないのですが」と言ったところ、係員ににべもなく断られたそうです。

それで、帰りに私のところへ寄って、「十分もあるのに、遊ばせてくれなかったのよ」と不満を洩《も》らしました。

同じ十分でも、お客様は「十分『も』ある」、係員は「十分『しか』ない」という認識で、そこにズレが生じたわけです。そのお客様とはよく言葉を交わしていた気安さもあって、私はちょっと尋ねてみました。

「そうでしたか。ひょっとして、『申し訳ございません』のひとこともなかったのでは？」

すると、こんな答えが返ってきました。

「そうなのよ。『申し訳ないです』って言われたら、私だってあきらめたわよ。こんなふうに不満も言わなかったと思うわ」

私はこのとき、〝クッション言葉〟がいかに大切であるかを再認識する思いでした。

このお客様は、ドッグパークの使用を断られたから不満を持たれたのではなく、杓子定規な断られ方をしたから、「十分もあるじゃないの」と不快になったのです。もし、〝クッション言葉〟があれば、「そうね、十分しかないのだからね」と思われたでしょう。

お客様のご要望をやむをえず断らなければならないときや、対応に手間取ったときなどは、ひとこと、「申し訳ございませんが」とか「お待たせいたしました」といった〝クッション言葉〟を添えるのも大切な心づかいなのです。

ちなみに、このときは「責任者をお呼びしましょう」と申し上げたのですが、お客様は「いいわよ、いいわよ、そこまでしなくても。不満を言ったらスッキリしたわ」と言って、お帰りになりました。

お客様のなかには、不満を口にすることで満足される方もけっこういらっしゃいます。そういう気持ちを受け止めるのもまた、コンシェルジュの務めなのです。もちろん、後で担当者には「〝クッション言葉〟が大事ですよ」と注意をしておくことは、ゆめゆめ忘れてはいけません。

コラム――CS向上を目指す髙島屋のシステム

お客様にご満足いただくためには、さまざまなご意見・ご要望を吸い上げ、それを業務や商品に生かしていくことが必要です。

髙島屋にはそれを具現化するための複数のシステムがあります。そうして十重《とえ》二十重《はたえ》、多角的に、お客様のご意見・ご要望を吸い上げる体制を整えているのです。おもな施策をご紹介しましょう。

各フロアにコンシェルジュを配置

髙島屋のコンシェルジュ・サービスは二〇〇〇年に始動。当初は日本橋店二名でしたが、現在は私を含めて五名が、正面玄関脇でサービスコンシェルジュとして、業務を遂行しています。

加えて、全店の商品の販売を担当するストアーコンシェルジュ四名、特定のフロアにはフロアコンシェルジュ八名を配置しています。

彼らはそれまでは一つの売場の販売員でしたが、フロアコンシェルジュになるためにはフロア全体の売場のことを勉強しなければなりません。たとえば、婦人服フロアのコンシェルジュなら、「セーター・ブラウスはわかるけど、ドレスのことはわからない。肌着のこともわからない」ようでは失格です。フロアが扱う商品全般の知識に習熟していなければならないのです。

このように、お客様に提供するホスピタリティあふれるサービスをきめ細かくしてお客様の満足を獲得しています。

相談業務の一つの流れとしては、サービスコンシェルジュが全店的な対応をし、お客様がより商品のことを知りたい場合には、その商品の売場があるフロアコンシェルジュに引き継ぐ。さらに詳しい内容を求められたら、売場販売員へと引き

column

継ぐ。というように、お客様のご要望により的確に応えられるようになっています。

もちろん、直接フロアコンシェルジュにご相談していただいてもけっこう。いずれにせよ「売場はどこですか?」「こちらです」といった型通りの対応ではなく、

「どんなものをお探しですか?」

「お手伝いさせていただく者は、こちらの者のほうがよろしいですね」

というように、常にお客様のご要望を、一歩も二歩も進めた形で対応できる体制を整えた、ということです。

こうしてフロアコンシェルジュがフロア全体を見るようになった結果、お客様のご意見・ご要望を広くすくい上げることができるようになりました。これも、きめ細かな対応の成果でしょう、お客様の苦情も半減しました。

ローズちゃんのハートシート（ローズちゃんは髙島屋のマスコットキャラクターです）

お客様のなかには、ご意見・ご要望があっても、コンシェルジュや販売員に対

して直接言うことに抵抗感のある方も少なくありません。

そんなハードルを低くするのがお客様のご意見を書いていただく「ローズちゃんのハートシート」。三カ所の出入り口に、このシートを投函するポストを設置しています。項目は「おほめ」「おしかり」「ご意見」の三つに分けられていて、月に約三十件ほど投函されています。とくに不満を感じられた場合は、「口で言う」よりも「紙に書く」ほうが、気楽だし、遠慮もいらないのではないでしょうか。

ご記入・投函していただいたこのシートは、閉店前に回収。ご不満を表明されたお客様には係がすぐに連絡して善処させていただくほか、どんなご意見にもお応えする方向で対応しています。

ウォントスリップ

「ウォントスリップ」とは、売場の販売員がお客様との会話の中で感じた「声」を記録したもの。全店共通のシステムです。

たとえば、夏場に財布売場の販売員がお客様から、「ポケットに入れてもかさばらないような、もうちょっと薄い財布が欲しいな」と言われたら、それを「ウ

column

ォントスリップ」に記録して、売場の責任者がその日のうちに商品開発や品揃え計画を担当するMDに流す。MDは一週間以内に、そのウォントスリップにどう対応するか、返事を出す。そういう「ワンデー・ワンウィーク」を原則とするシステムです。

ウォントスリップは商品政策に役立てられ、そこから「ボイスファイル」という髙島屋オリジナルブランドの商品も数多く誕生しています。お客様の声を反映した商品、という意味です。

その一つが、個食用の小さな瓶のジャム。「このジャム、おいしくて大好きなのだけど、瓶が大きくて消費期限までにひとりじゃ食べきれないんですよ。もっと小さな瓶があると嬉しいな」というお客様の声を、販売員が「ウォントスリップ」に書き、「ボイスファイル」の仲間入りをしました。

より良い商品を開発・提供するためのヒントをくださるお客様は、いわば「External Employee（外部の従業員）」でもあるのです。

来店ご予約サービス

どのようなものを探していらっしゃるのかを、あらかじめお客様にリクエストいただき、コンシェルジュがご来店までに商品を選んでおく。これが「来店ご予約サービス」です。

たとえば、「結婚式に着ていく服やアクセサリーを一式揃えたい」というリクエストがあれば、コンシェルジュや各売場のスペシャリストがお好みに合うドレスやスーツ、靴、アクセサリーなどを数点ずつご用意しておきます。そのうえで、ご来店時にはそれぞれの売場がお客様にきめ細かく対応します。

売場がまたがる場合には、各々の担当者にリレーをして常にお客様に同伴してお買物を楽しんでいただきます。これはいわばカジュアルな、外商のお客様へのサービスのようなもの。短時間で満足のいく買物ができると大変評判がよく、リピーターとなってくださる方もたくさんいらっしゃいます。

こういったシステムの下、高島屋ではコンシェルジュと販売員が連携しながら、CSの向上に努めています。

お客様の声への対応

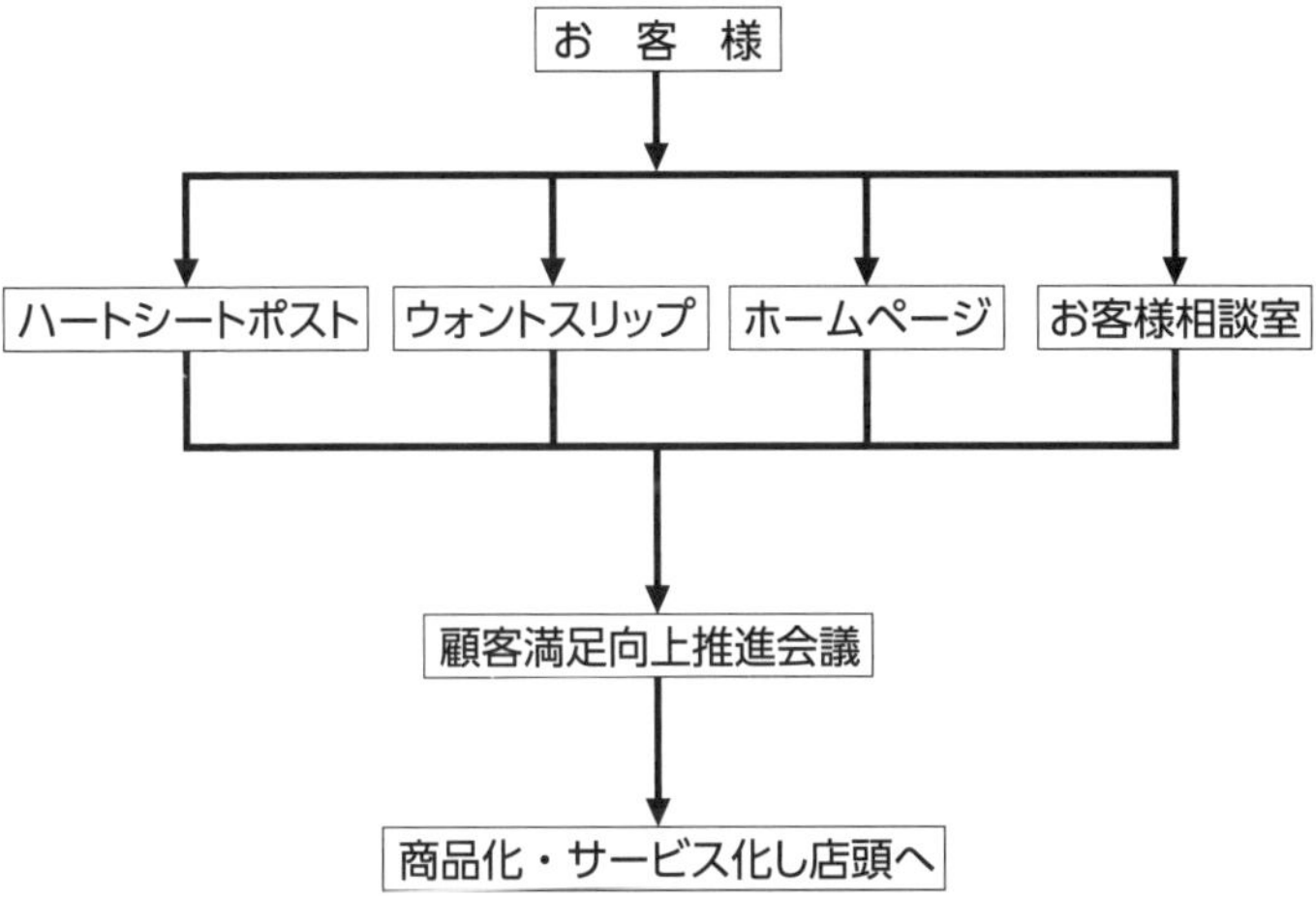
お 客 様
ハートシートポスト
ウォントスリップ
ホームページ
お客様相談室
顧客満足向上推進会議
商品化・サービス化し店頭へ

第5章

終わりなき挑戦

すべてのキャリアがコンシェルジュに集約された

五十を過ぎて天職を知る

私はいま、コンシェルジュの仕事を天職のように感じています。

孔子になぞらえて言うならば、まさに「五十を過ぎて天職を知る」——六十七年の人生を振り返って、すべての経験やキャリアがコンシェルジュに集約された、と言ってもいいいくらいです。

よく「人生にムダなことは何ひとつない」と言われますが、それは本当だと実感しています。

それに、いまが一番忙しく、一番楽しい。毎日がとても充実しています。「やるべき仕事がいっぱいある」だけではなく、「あれもやりたい、これもやりたい」と好奇心に衝《っ》き動かされるように知識・経験を増やすことに一生懸命なのです。

本書ではここまで、接客のノウハウについていろいろ述べてきましたが、最後に私が今日に至った道のりをちょっとお話ししたいと思います。

相撲で鍛えた足腰

生まれは、福岡県北九州市。三男二女の五人きょうだいの末っ子です。八幡製鐵所(当時)の煙突から吐き出される七色の煙のもと、炭鉱から石炭を採掘し廃棄されたボタ山を遊び場として、高校生になるまで世の中の喧騒も知らず、のんびりと過してきました。

明治生まれの父は技術将校で満州に出征しました。職業軍人だったので、戦後は郷里の福岡県に帰って大辻炭鉱に勤めました。当時はまだエネルギーといえば石炭の時代。大辻炭鉱は、「筑豊御三家」の一つである貝島家の採掘施設として、隆盛を極めていましたが私が中学校を卒業するころには、勢いが衰えてきました。

私は、ダムのある自然環境に恵まれた田舎の池田小学校という、一学年で三十人ほどしかいない小さな小学校で学びました。朝は早く学校に行き、かばんをおいて、皆であぜ道を走りながら先生を家まで迎えに行き、皆で手をつないで学校に行った。というような牧歌的な所でした。

その後近くの香月中学校に通い、野球部に所属はしていましたが、相撲大会があれば相撲、駅伝大会があれば駅伝走者、工作大会があれば工作メンバーと、何にでも首を突っ込んでいました。まあ、器用貧乏のようなものでした。

そのなかでも思い出深いのは、市内の相撲大会です。これは、大相撲の九州場所が来るときに毎年開催される八幡製鐵の起業祭のプログラムの一つ。中学三年生のときには、参加者二十人位の個人戦で決勝まで進みました。

対戦相手は、後に時津風部屋に入門して小結まで〝出世〟した大潮。上手投げでぶん投げて、「勝ったーっ！」と思いきや、まさかの勇み足で負けてしまいました。

実は後年、彼が式秀部屋を開いて親方をしていたときに、国技館で偶然お目にかかる機会がありました。私のことなど覚えていないだろうなと思いつつ、「私、中学のときの相撲大会で親方に負けた敷田です」と名乗りました。すると、

「覚えていますよ。あのとき、勝たせていただいたおかげで、私は相撲界に入る決心がついたんですよ」

とおっしゃるではありませんか。人の上に立つ方の謙虚さ、本当に立派な方です。

それはさておき、少年時代に相撲をはじめとするいろんなスポーツに親しんだおかげで、足腰がずいぶんと鍛えられたように思います。

そのときの〝貯金〟と言いますか、売場時代からいまに至ってもなお、長時間の立ち仕事が苦になりません。

相撲では決勝で敗れて力士になるまでには至りませんでしたが、相撲で鍛えられた足腰はいまも健在。おかげで、コンシェルジュとして玄関で立ち、お客様のご要望に応えつつフロア内や街中を歩き回り、元気いっぱいで仕事をしています。

日記で身についた「メモ力」

小学校五年生のとき、担任の先生に「毎日、日記を書いてみたら？」と勧められました。

文章力や表現力をつけるためなのか、一日を振り返ることで自分を見つめるためなのか、先生の意図はわかりません。でも、私はどういうわけか素直に、「やってみようかな」と思ったのです。

　そして、なんと大学を卒業するまで十三年間、毎日欠かさず、旅行に出かけるときも携行し、日記をつけ続けたのです。

　それも、大学ノートにちょこちょこと書いたのではありません。旺文社の『学生日記』という、ハードカバーの立派な日記帳。そこにびっしり日々の出来事を綴《つづ》っていました。眠い目をこすりながら、絶対に途中で書くことを中断しないで続けました。

　その後、社会人になり、仕事、残業、お酒などに時間をとられ、とうとう日記を継続してつけることが難しくなり断念しました。しかしこの日記は私の宝物。いまも自宅に大切にしまってあって、時折読み返しては少年時代の自分との出会いに新鮮な刺激をもらっています。

　仕事上、何よりもよかったと思うのは、気がついたら何でもメモにして残すという作業がちっとも面倒ではないことです。

　前述したように、とくにコンシェルジュの仕事では、お客様からちょうだいするご意見・ご要望であれ、ご対応した際のやりとりであれ、設備の現状であれ、メモが非常に重要です。

すべてを記録しておくと、サービスの改善を提案する際の論拠となりますし、より良いサービスを実現したり、自分自身を成長させたりするための情報を豊富に持つことにもつながるのです。

また、たとえば日本コンシェルジュ協会のメンバーへ髙島屋の最新情報の案内の送付を手書きの封筒で毎月、もう十年以上も続けるなど、良い習慣を継続することが何のためらいもなくできる。そういう資質が身についたことも、大きなメリットだったように思います。

まさに「継続は力なり」。十三年にわたって日記をつけ続けたことが、いまの仕事にも生かされているのです。

外国が身近だった

父正夫は満州に渡って、築城の仕事に従事していたと聞いています。

また、長男正義は帝人からペンシルベニア大学に、次男稔はフルブライト留学生でハーバード大学に学びました。長女愛子は薬局経営のかたわら海外旅行を、次女京子は青少年海外派遣事業の一員として東南アジアの視察をと、つねに兄弟五人のうち誰かが海外に行っているような家庭環境でした。

そういう意味では、私は幼いころから外国を身近に感じていたかもしれません。同時にとてもあこがれてもいたのです。

早稲田大学に在学中、同級生が卒業旅行でヨーロッパへ行くと聞いたときは、自分も行きたいと強く思いました。ただ、かかる旅費は五十万円！　大卒の初任給が四万五千円くらいですから、かなりの出費です。しかも、一ドル三百六十円の時代。いまと違って、海外がとても遠かったのです。また、日本育英会から特別奨学生として毎月一万二千円を貸与されている私でしたが、それでも、一応母に頼んでみました。父親は私が中学生のときに亡くなっているので、母に頼るしかなかったのです。ところが、母は「お兄ちゃんに聞いてごらん」と言う。父親代わりだった長兄は何と言ったか、

「外国に行きたいなら、自分の力で行きなさい」

この時点で、〝外国行き〟はお預けとなりました。

誰でもそうでしょうけど、下の子というのは上の兄姉の影響を強く受けるものです。私は実は、学生時代に司法試験に挑戦したのですが、それは次兄の影響です。一生懸命勉強して、何とか一次試験をクリアすることはできたものの、二次試験はとても歯が立ちませんでした。

このとき、検事をしていた次兄はこう言いました。

「司法浪人をしても合格する保証はないし、失敗したら世の中の役に立てないぞ」

余談ながら、兄は俳優の高倉健さんと高校の同級生でした。二人は外国にあこがれて、密航を企てたことがあるそうです。『トラ・トラ・トラ!』という映画のロケが近くの芦屋町で行われ、進駐軍が来るというので、英語を話す機会が欲しくて行ったことがきっかけだったようです。

もちろん、密航は成功しなかったようですが……。

閑話休題。その次兄の言葉で、私は司法試験をあきらめ、就職先を探したわけです。

そのときです、「百貨店で働きたい」という思いがむくむくと湧き上がってきたのは。

井筒屋とか玉屋とかの九州の百貨店へは、幼いころからしょっちゅう母に連れられて行っていました。田舎と違って、百貨店には都会的な雰囲気があって、きれいなものがいっぱい並んでいて、文化の発信基地でもあって、とてもあこがれていたのです。ある種、外国へのあこがれと通じるものがあったのかもしれません。

数ある百貨店のなかで髙島屋に決めたのは、進取の精神にあふれていたからです。母校・早稲田の校歌にも「進取の精神、学の独立」という言葉があって、私は進取の精神が大好きなのです。

そうして髙島屋に入社して二年目、ニューヨークのロングアイランドに新しい店をつくるということで、出向希望者の募集が行われました。

英検二級と自動車免許を取得し、いつか来るかもしれない〝外国行き〟に備えていた私にとって、願ってもないチャンスの到来です。何の迷いもなく、勇んで手を挙げました。

本来なら、まず上司におうかがいを立てて、人事部に申し込まなければいけないところ。それなのに、私はまたも〝勇み足〟と言いますか、上司をすっ飛ばしてしまったのでした。

面食らったのは上司です。面接の段になって、私の応募を初めて知ったのですから、こっぴどく叱られてしまいました。

でも、その上の人が「いいじゃないか。行きたいんだったら、面接を受けさせてやりなさいよ」と、救いの手を差し伸べてくれたのです。

結果、面接をクリアして、一九七二年にニューヨーク行きの切符を手にできました。入社二年目でした。それは、あこがれの外国で仕事をするという夢が実現した瞬間でもありました。

ニューヨーク勤務は八年間。時計・貴金属売場等を担当しました。着任した瞬間から、「英検二級程度の英語力では、あまり役に立たない」と思い知らされましたが、日常の会話はその後多少は上達したかと思います。

その英語力がいま、外国人のお客様のご案内をするときに役立っています。

また、イエス・ノーをはっきり言う向こうの商売のやり方は勉強になりましたし、たくさんの知り合いができたことは何物にも替え難い財産になりました。

外商からキャリアをスタート

ちょっと話は戻りますが、髙島屋に入社して初めて配属されたのは、日本橋店の外商部（法人担当）です。

人事部から配属のときにどんな仕事をやりたいかと聞かれて、「私は外に出るのが好きだから、お客様の注文を取りに出かける外商部でがんばりたい」と答えた、その希望を通してもらった形です。

わずか一年ながら、先輩の後にくっついて歩き、注文をいただいたら、その商品の包装をしてお届けするという仕事が楽しくてしょうがなかったことを覚えています。

ただ、当時はまだコピー機もない時代ですから、とくに中元・歳暮期に大量の配送伝票をつくるのは大変でした。デュプロといって、カーボンを敷いてガリ版のように印刷する方式で、手を真っ黒にしてやっていました。

思い出深いのは、ほぼ徹夜して仕事を終えた早朝、みんなで東京駅にあった東京温泉でインクと汗を流し、そのまま出勤したこと。若くて体力があったから、疲れたとか、つらいといったことも感じませんでした。

また、課長がお酒好きな方だったこともあり、残業のない日はよく飲みに連れ歩いてくれました。よく怒られたけど、かわいがってもらいました。

「頭を使って、考えろ。頭を使えないヤツは汗をかけ。汗をかかないヤツは、もう辞めちまえ」

なんて怒鳴られて、「汗、かいてますよ〜」と言うと、「まだかいてない」とか、また怒られて。でも、仕事が終わると「よし、よくやった。敷田、飲みに行こう」。そうやって面倒を見てくれたものです。

そんな日々のなかで、コミュニケーションの大切さを学んだような気がします。最近は個人情報の問題もあって、名簿すらなくなりました。社会でも上下や横のつながりがだんだん希薄になっているような気がします。すぐそこにいる人ともメールでやりとりしている若い人たちが、大勢います。いまや、コミュニケーション手段はメールが主役のようです。

メールは便利でいい面もたくさんあるものの、コミュニケーションはやはり肉声で語り合うことで深まるものではないでしょうか。そのことがとても残念です。

売場で学んだこと

ニューヨークから帰国した後は、特選紳士婦人衣料雑貨、特選洋食器、紳士服、紳士婦人雑貨、食料品など、いろんな売場を経験しました。

何と言っても、売場は接客の最前線。この時代の経験がコンシェルジュの仕事のベースを形成したことは言うまでもありません。

たとえば、特選紳士婦人衣料雑貨を担当していたときは、「お客様から教えていただこう」という気持ちで、接客する姿勢を身につけました。

というのも、高級ブランド品を多く扱っていると、「自分にはいい物を見る目がある。知識も豊富だ」という自負心が強くなり、無意識のうちにお客様を〝上から目線〟で見るようになってしまいがちだからです。

販売員がそんなふうだと、お客様は店の敷居を高く感じ、居心地が悪いものです。それに、そういう商品をお探しのお客様は、販売員よりブランドのことをよくご存じの場合も多いので、「大して知識もないのに、何を偉そうにしているのかしら」と不快に感じるでしょう。

とにかく〝上から目線〟はいけません。扱っている商品が高級だからといって、販売している自分が偉いわけではない。そこをしっかりわきまえて、お客様に「売ってあげる」のではなく、「買っていただく」気持ちを忘れてはいけないのは当然のことです。

たとえて言うなら、車椅子のお客様にひざまずいて、同じ目線でお話しするのと同じ。どんな売場であろうと、どんなお客様であろうと、常に腰を低くして、同じ目線で接客することが大切なのです。

私は常にそう自戒するとともに、部下にも口を酸《す》っぱくして教育していました。

また、食料品売場を担当していたときは、かなりの部分をお取引先のお世話になっていますので、彼らに気持ちよく働いてもらえるよう、心を砕きました。

具体的には、朝は「おはようございます」、閉店近くになると「お疲れ様でした」と、必ず言って回り一言、二言会話をしました。

これは、お客様を大切に思う気持ちに通じるもの。より良い人間関係を築くためには、挨拶が一番大事だと思っています。

また、どの売場にいるときにも心がけていたのは、「常に売場にいる」ことです。事務所にいる時間を極力減らし、売場を歩き回りながら「問題はないか」と目配りをし、何かトラブルが生じたらすぐに駆けつけて対応するよう努めていました。

同時に、部下には「何かあったら、すぐに報告しなさい。自分で解決しようとしちゃダメだよ。必ず、私が解決するからね」と言っていました。

経験の浅い人が解決しようとすると、対応を間違えるリスクが大きくなりますし、報告が遅れて時間が経てば経つほど問題が大きくなってしまいます。だから、責任者は常に売場に目を光らせて、問題が小さな芽のうちに、もっと言えば芽が出る前に問題を察して、機敏に対応する必要があるのです。

この姿勢は、コンシェルジュになったいまも同じ。数々の売場経験を積んだことによって、問題をすくいあげる感性が養われたように思います。

あきらめずに前を向いて歩こう

私はこれまで、「出世」というものを意識したことはほとんどありません。もともとと自分は出来の悪い人間だというのがわかっているから、出世しようだなんて野心にとらわれたことがないのです。

それに、どの部署に異動になっても、それを不満に感じたこともありません。与えられた目の前の仕事に、ただ一生懸命取り組む。それが楽しかったのです。

だからといって、出世とか、自分のやりたい仕事をあきらめたのかというと、ちょっと違います。がむしゃらに人を押し退《の》けてでも前に行こうとは思いませんでしたが、自分自身と仕事の質の向上には貪欲でした。

「自分は自分でいい。でも、昨日より今日、今日より明日と進歩して生きていきたい。何事もあきらめることなく、前を向いて歩こう」

それが、私の考え方です。

英語で言うなら、「I am not the man that I was.（私は昨日の私ではないよ）」と思って、自分に磨きをかけています。

また、よく周囲の人たちから、「コンシェルジュをやっていると、イヤな思いもたくさんするでしょう？　心が折れそうになることもあるのでは？」と聞かれるのですが、そんなに落ち込むこともありません。

それはたぶん、幼いころから母に「何があっても、小さい、小さいと思いなさい」と教えられてきたおかげでしょう。いつの間にか、「生来のオプティミスト」が板についてきました。

いまでは、何かイヤなこと、困ったこと、情けないことなどがあったら、「小さい、小さい」とつぶやいて、忘れてしまうのが習慣です。そうすると、「さて、これからどうするか」と考え、いいことを夢見て行動する力が湧いてくるのです。

言ってみれば、私はオスのワンちゃんのようなものです。オスのワンちゃんは叱られると、そのときはシュンとしますが、怒られるのが終わった瞬間に元気いっぱいで遊び始めます。究極のオプティミスト！　ワンちゃんに教わること大です。

ちなみに、オス・メス両方を飼っていたことのある私の観察では、メスのワンちゃんのほうが落ち込みが長引くようです。だから、私もメスには気を使い、叱っても後で「よし、よし、いいコだね」と褒めてあげるようにしました。

ともあれ、シュンとしてうずくまっている間は、決して前には進めません。オスのワンちゃんを見習って、できる限りシュンとする時間を短くしましょう。そして、イヤなことはとっととときれいさっぱり忘れて、次のことを考えるのがよいかと思います。

生涯、コンシェルジュ！

コンシェルジュという天職を得て、十四年。とっくに定年を過ぎてしまいましたが、自分の気持ちのなかでは「生涯、コンシェルジュの仕事を続けていきたい」と、強く思っています。

四、五年後には日本橋界隈《かいわい》も様変わりするでしょう。そのときに備えて、より魅力的なご案内ができるよう、さらに情報の引き出しを増やしていきたい。

また、六年後には東京オリンピックが開催されます。日本のお客様はもちろん、海外からも大勢のお客様が見えるでしょう。英語だけではなく、中国語、韓国語も話せるようになりたい。

将来に向けて、大いに自分を奮い立たせています。

何だか、自分から進んで針のむしろに座るみたいな感じではありますが、私にとってはそうやって自分を追い込むことが、逆に快感なのです。

「がんばった先で、きっと新しい自分を発見できる」

そう信じて、ワクワクしながら自分を高めるためにがんばり続けるつもりです。

目指すは「生涯、コンシェルジュ！」――。

いつまでも現役でいられるよう、これからも健康に留意しながら、精進してまいります。すべては、日本橋髙島屋にご来店のお客様に「本当に来てよかった」とご満足いただけるサービス&ホスピタリティをご提供するために。

おわりに

「一期一会」

私の好きな言葉である。

高島屋人として過ごした四十四年もの間、多くのお客様から教わった「おもてなしの心」の真髄とは何だったのかを振り返る機会を与えて下さった光文社の方々と、ライターの千葉潤子氏にまず感謝申し上げたい。

もう少し丁寧に、もう少し詳しく、もう少し、もう少し……と思い出しては、お客様へのお応えが不十分だったのではないかと反省しきりの接客シーンが、走馬灯のように私の脳裏をかすめていく。

一期一会のお客様に対しての反省の念が生み出した「おもてなしの心」の積み重ねがこの本書である。

人生について大いに語り青春を謳歌し、終生の友を得た学生時代。

そして髙島屋人になっても、節々に企業人としての心構えや仕事の進め方など大局的な見地からご指導いただいた先輩諸氏のご支援、叱咤激励がいかに私自身の行くべき道の羅針盤になったことか、上梓するにあたり衷心より感謝申し上げたい。

特にコンシェルジュを立ち上げるにあたり、労苦をともにした松丸光次氏はじめ、日々の業務を円滑に運営できるようにチームを組み、協力しあってきた同僚の深い理解があったことも、ここに記しておきたい。

もちろん、今日まで幾多の紆余曲折があったものの、くじけず落ち込まずに常に前だけを向いて頑張って来れたのも、父母の深い愛情と兄姉の温かい思いやりの賜物であるとの思いも深くしている。

また、六十七歳にもなった私が元気で頑張れているのも、妻の献身的なサポートと台湾に駐在中の息子のおかげと手を合わせるしだいである。幸いにも、薬いらずの健康体なので、定期的な献血にも喜んで協力させていただいている。

順風満帆のときも、そうでないときも、健康第一をモットーに、ゆっくりでも確実に「翌檜《あすなろ》」、「翌檜」と思って生きていきたい。（翌檜とは明日はヒノキになろうという意味）。

最後に自分に対しての戒めとして以下の三つを挙げておきたい。

ほどほどのススメ

飲めば飲むほど楽しくなるお酒は、月一程度、ほどほどに。

勝負にこだわらない大好きな麻雀は、月一程度、ほどほどに。

ホールインワンを二回もしたゴルフは月一程度、ほどほどに。

二〇一四年五月

敷田正法

敷田正法（しきた・まさのり）

1947年福岡県生まれ。1970年、早稲田大学法学部卒業後、髙島屋入社。
外商部を経て、1972年から'79年までニューヨーク店勤務。その後、日本橋店、横浜店を経て、2000年から日本橋店でコンシェルジュとして、定年後も勤務。中央区観光協会特派員。サービス介助士などの資格を取得し、仕事に役立てている。

日本橋髙島屋《にほんばしたかしまや》コンシェルジュの
最高《さいこう》のおもてなし
2014年6月20日　初版1刷発行

著者　敷田正法《しきたまさのり》
装丁　金子眞枝
発行者　駒井稔
発行所　株式会社 光文社
〒112-8011　東京都文京区音羽1-16-6
電話　編集部03-5395-8172　書籍販売部03-5395-8116　業務部03-5395-8125
メール　gakugei@kobunsha.com
落丁本・乱丁本は業務部へご連絡くだされば、お取替えいたします。
印刷所　萩原印刷
製本所　ナショナル製本

ISBN 978-4-334-97790-0